KB261901

국가가 장기를 약탈하다

국가가 장기를 약탈하다
중국의 생체 장기 적출에 관한 보고서

지은이 | 데이비드 메이터스 · 톨스턴 트레이 외
옮긴이 | 이은지 · 조연호 · 채승우
펴낸이 | 김성실
기획편집 | 이소영 · 박성훈 · 김하현 · 김성은 · 김선미
마케팅 | 곽홍규 · 김남숙
삽화 | 장봉군
인쇄 | 삼광인쇄
제본 | 바다제책

초판 1쇄 | 2013년 3월 4일 펴냄
초판 2쇄 | 2013년 8월 26일 펴냄

펴낸곳 | 시대의창
출판등록 | 제10-1756호(1999. 5. 11.)
주소 | 121-816 서울시 마포구 연희로 19-1 4층
전화 | 편집부 (02) 335-6125, 영업부 (02) 335-6121
팩스 | (02) 325-5607
이메일 | sidaebooks@daum.net

ISBN 978-89-5940-255-7 (03300)

책값은 뒤표지에 있습니다.
잘못된 책은 바꾸어드립니다.

STATE ORGANS: Transplant Abuse in China
edited by DAVID MATAS and DR. TORSTEN TREY

국가가 장기를 약탈하다

중국의 생체 장기 적출에 관한 보고서

데이비드 메이터스 · 톨스턴 트레이 엮음

이은지 · 조연호 · 채승우 옮김

시대의창

우리는 언제 불의(不義)를 끝낼 수 있는가?
희생자가 아닌 사람들이
바로 희생자와 마찬가지로 분노할 때이다.

— 솔론Solon

비윤리적인, 너무나 비윤리적인

인의지사와의 만남

《국가가 장기를 약탈하다*State Organs*》의 공저자 중 한 사람인 데이비드 킬고어 씨를 처음 만난 것은 2012년 늦가을, 그를 한국에 초청하면서였다. 그는 이미 2006년 무렵 데이비드 메이터스 씨와 함께 독립적인 조사단을 만들어 중국의 파룬궁 수련생 장기 적출에 대한 보고서를 세간에 발표하면서 국제적으로 큰 반향을 일으킨 바 있는, 시대를 앞서 걷고 있는 인권 인사 중 한 분이다.

서울에서 킬고어 씨와 더불어 국제 세미나 등의 활동을 진행하는 동안 가까이에서 선명하게 느낀 인상은 그의 성품이 매우 소박하다는 점이었다. 의식주 등 모든 생활에서 검소함이 몸에 배어 있었다. 캐나다 8선 의원 경력에 아시아태평양 담당 국무장관 출신으로 사회적 명예는 이미 고봉(高峰)에 올랐고, 경제적으로도 캐나다에서 손꼽히는 부유한 가문 출신이었음에도 그는 과시하려는 것이 별로 없어 보였다. 함께 내한한 이 책의 또 다른 공저자인 국제 인권변호사 메이터스 씨도 그런 점에서는 둘째가라면 서러워할 정도였다. 한국에서의 일정을 소화하는 내내 두 사람은 정갈한 노신사 풍모를 갖추었지만 양복은 유행을 타지 않는 오래된 스타일이었다. 셔츠 또한 화이트가 아니라 관리가 손쉬운 블루 컬러였고, 구두도 깨끗했지만 낡아 있었다.

두 사람의 또 다른 공통점은 신실한 종교인이라는 점이었다. 킬고어 씨는 매우 독실한 크리스천이고 메이터스 씨는 유대교 신자이다. 그들은 사회적 지위나 명성에 무덤덤해 보였고, 자신을 치켜세우려는 마음보다는 오랜 신앙에서 가다듬어진 도덕적 절제와 선량함 등이 자연스럽게 우러나왔다. 한국 나이로 이미 칠순을 넘긴 고령임에도 불구하고 전 세계를 누비며 종교의 진정한 역할과 종교인의 풍모를 몸소 보여주는 그들에게서 나는 불현듯 '윤리'라는 단어를 떠올렸다. 종교가 인간에게 부여한 은혜로움 가운데 하나가 바로 '윤리' 아닐까. 그리고 그것은 인간을 인간이게 하는 시작점이자 종결점 아니겠는가. 나아가 종교인으로서 그들은 사회적 윤리와 도덕을 고양해가는 일이 왜 중요한가에 대한 소신을 지녔고, 정치적으로는 종교 혹은 신념 체계를 타격하는 부당한 박해에 대해 민주주의적 자유와 인간 존엄의 대의를 피력했다. 나는 현시대 걸출한 두 인의지사를 만나면서, 최근 종종 우려의 눈길을 받고 있는 '종교계', 이곳이 아직은 현 인류 사회의 마지막 도덕적 보루일지 모른다는 안도감을 느꼈다.

'강제 장기 적출' 사안의 심각성

퍼스트 네임이 같은 두 인물 데이비드 킬고어 씨와 데이비드 메이터스 씨는 중국 내 강제 장기 적출 사안에 대한 독립 조사로 2009년 캐나다 최고 인권상을 공동 수상했고, 2010년에는 노벨평화상 후보로 공동 추천을 받았다.

사실 그들 역시 중국에서 발생한 대대적인 강제 장기 적출 사안에 대해 처음엔 의구심으로 출발했다고 한다. 그 정도로 상식을 벗어난 사안이라는 점이다. 그러나 이 사안의 특수성에 대해 킬고어 씨는 첫째, 가해자와 살해되는 피해자만 있을 뿐 목격자가 있을 수 없고, 둘째, 장기 적출을 한 수술실은 상시 사용하는 병원 수술실이기 때문에 사건 현장이 없다는 것 등을 지적했다. 무엇보다 현 중국을 지배하는 사회주의 정치 체제 특유의 폐쇄성이 이 의혹에 대한 정당하고 실제적인 조사와 접근을 완강히 불허했다. 이 때문에 두 사람은 주장의 진위 여부를 가려줄 만한 사실들을 더욱 면밀히 찾아내고 이를 종합하는 과정을 거쳐야 했다. 꼬박 2개월이 넘는 집중적인 조사와 증거 수집, 그리고 천우신조(天佑神助)와도 같이 출현한 증인 등으로 확보한 18가지 증거에 대해 증명과 반증을 거친 결과, 그들은 자신들이 우려했던 주장이 결국 사실이라는 결론을 내렸다고 말했다. 그들의 보고서 〈중국 내 파룬궁 수련생 장기 적출 의혹 조사보고〉는 현재 인터넷에서 손쉽게 열람이 가능하며, 18개국 언어로 번역되어 나왔다. 두 사람이 제시한 18가지 증거들은 이듬해 2차 발표 때는 33가지로 늘어났다. 그 증거들의 핵심적인 내용은 다음과 같다.

- 중국 공산당의 역대 탄압 정책과 수법 면에서 이번 강제 장기 적출 사안 간의 개연성
- 공식화된 장기 공급원과 이식 건수의 차이에 대한 통계적 분석
- 담당 의사, 간수 및 법원 관계자와의 대화 녹취록
- 강제 장기 적출에 참여했던 의사의 부인이 증언한 녹취록
- 노동교양소에서 행해진 혈액검사와 정밀 검사에 대한 망명자들의 증언
- 대외 장기 이식 홍보를 위해 중국 내 병원들이 직접 밝힌 수술 대기 시간
- 부패, 법규 미비, 양심수에 대한 빈번한 고문과 살해와 같은 전체적인 사회 문제

그들은 문제의 심각성을 충분히 인식하고 있던 나에게조차 이번 사안의 무게를 이렇게 강조했다.

"중국 공산당과 인민해방군은 '인체의 신비전'에서부터 각종 장기 매매 사업에 사용되는 시신과 장기가 모두 사형수의 것이거나 기증받은 것이라고 주장합니다. 하지만 현재 중국에서 사형당하는 사람은 연간 1,000여 명 수준입니다. 반면 장기 기증 건수는 연간 1만 건 이상입니다. 그렇다면 연간 9,000건 이상의 장기들은 대체 어디서 나오겠습니까?"

국제장기이식윤리협회의 출범 배경

국제장기이식윤리협회International Association for Ethical Organ Transplants, IAEOT의 출범에 지대한 영향을 준 단체가 바로 '강제 장기 적출에 반대하는 의사들Doctors Against Forced Organ Harvesting, DAFOH'(다포)이다. 국제 의료 인권단체인 다포는 미국 워싱턴에 주재하며, 세계 12여 개국의 협력 의료인들이 자문위원으로 참여하고 있다. 각국의 자문위원들은 자국 환자들이 불법적이고 비윤리적인 장기 공급처인 중국을 찾아가는 악순환의 고리를 끊어버리고, 자국의 건전한 장기 기증 풍토가 정착될 수 있도록 국제 네트워크를 가동해 활발한 활동을 벌이고 있다.

나는 작년 말 다포의 한국 자문위원으로 위촉되어 활동을 시작했는데, 이때 우선적으로 깨달은 것이 두 가지 있다. 첫째로, 강제 장기 적출이라는 사안은 중국에서 발생했지만 은밀한 장기 거래 시스템을 원하는 환자가 단 한 사람이라도 존재하는 한, 전 세계 어느 나라도 이 사안과 결코 무관하진 않으리란 점이다. 두 번째로, 2013년 현재를 살아가는 사람이라면 동시대에 발생한 이 비윤리적인 사안에 대해 어떤 방식으로든 자신의 의사를 표명하게 된다는 점이다. 그렇기에 국제장기이식윤리협회는 우선적으로 한국에서, 동시대를 사는 한국인들이 이 비정상적인 사안에 대해 정상적이고 올바른 의사를 표시할 수 있도록 도우려는 것이다. 어느 나라도, 그 누구도 결코 이 사안 앞에서 자유롭지 못한 것이라면, 무관심이나 회피는 또 다른 '동조'에 지나지 않을 것이다.

나는 다포의 자문위원 중 이스라엘의 제이콥 라비 박사의 활동 사례를 매우 고무적으로 보며, 본 협회의 향후 행보에도 시사하는 바가 크다고 생각한다. 라비 박사는 이스라엘 심흉부외과학회장을 역임하고 이스라엘 국립 이식센터 심장·폐 이식위원회 의장을 맡고 있다. 그는 이번 사안을 통해 이스라엘에서 장기 이식에 관한 올바른 윤리의식을 국민들에게 고취시키는 데 성공했다. 그뿐만 아니라, 자국 내 장기이식법을 개선하여 이스라엘에서 건전한 장기 이식 윤리의 역사를 새롭게 열었다. 2005년경, 라비 박사는 심부전을 앓고 있던 자신의 환자가 중국에 들어가 2주 만에 심장을 이식받고 돌아온 것을 목격했다. 원하는 날짜에, 극히 짧은 대기 시간을 거쳐 이식을 받은 데 대해 그는 직감적으로 이상하다고 생각했다. 라비 박사는 이 의혹을 풀기 위해 관심을 갖고 정황을 조사하기 시작했고, 추적을 통해 중국에서 사형수, 양심수가 본인 동의 없이 장기를 적출당하고 있다는 사실을 확인했다. 게다가 이스라엘의 환자들이 중국으로 가 출처가 확인되지 않은 장기를 아무런 법적 제재 없이 이식받고 있으며, 심지어 그런 환자들이 자국 정부에서 제공하는 보험 혜택을 제약 없이 누리고 있다는 사실도 확인했다.

그 후 라비 박사는 적극적으로 다포 활동을 벌였고, 그 결과 2006년 조사에 착수할 당시만 해도 자국 내 155명이던 원정 장기 이식 숫자가 2011년에는 26명으로 줄었다. 그리고 장기 기증 분야에서도 시너지 효과가 일어났는데, 2011년의 장기 기증률이 전년 대비 68퍼센트나 증가하는 성과가 나타났다. 중국 원정 장기 이식의 불법성과 위험성, 비윤리성의 심각함을 먼저 인식한 한 의사의 폭로에 이스라엘 국민들이 귀를 기울이고 개선 노력에 동참한 값진 결실이었다.

우여곡절도 있었다. 처음에는 다포 활동을 지지했던 이스라엘 국회의원 9명 가운데 3명이 결국 중국 대사관의 압력에 굴복해 사과 편지를 쓰고 지지 서명에서 자기 이름을 지워달라고 요청하는 소동도 있었다. 그중 한 의원이 중국 대사관에 제출했던 구차한 사과 편지가 신문에 공개되기도 했다. 끝까지 압력에 굴하지 않은 6명의 국회의원은 국민적인 신망과 지지를 얻었다.

경제적인 분야에서도 다포의 성과는 주목할 만하다. 스위스에 소재한 제약회사 로슈Roche는 2006년부터 중국 현지의 생산 시설에서 면역 억제제 '셀셉트Cellcept'를 만들어왔다. 로슈는 중국의 장기 이식 시스템을 묵인하고 투자 지원을 해주는 대가로 약 제조에 필요한 이식 임상 실험 환경을 제공받고 있었다. 2009년, 이 책의 12명의 공저자 가운데 한 사람인 아르네 슈와츠 박사는 중국에서 공급하는 장기의 출처가 사형수(주로는 정치범과 양심수)가 아닌지 확신할 수 있는지를 로슈 측에 물었다. 이에 대해 로슈는 장문의 답신을 보내왔는데, 자신들은 장기 출처에 대해 책임질 수 없으며, 권한도 없다는 회피성 대답 일색이었다. 이후 로슈는 베른 선언에서 수여하는 '공공의 시선 스위스 상 2010'이라는, 무책임한 기업에게 수여하는 부끄러운 상을 받았다. 다포가 지속적으로 정당한 문제 제기를 하자, 이를 받아들인 로슈 주주총회에서는 회사의 도덕성에 대해 공식적으로 비판하기에 이르렀다. 국제적인 경향과 윤리를 무시한 채 중국의 은밀한 장기 거래 시스템을 등에 업고 돈벌이에만 급급하던 로슈는 급기야 세계적인 투자은행인 트리오도스뱅크, 네덜란드 ASN은행 등으로부터 투자 대상 제외

판정을 받았고, 투자 회수 결정까지 당해야 했다. 이와 관련한 내용은 이 책에 자세히 수록되어 있다.

다포는 나에게 의사로서 새로운 자부심을 불어넣어준 단체이기도 하다. 다포의 대표는 이 책의 공저자인 트레이 박사이며, 공저자 12명 가운데 모든 의사들이 다포의 자문위원이자 저명한 의료학자들이다. 내가 일흔이 될 때까지 생각만 할 뿐 실천하지 못했던 일들을, 그들은 하나하나 조사하고 연구하고 세계를 순회하며 강연하고 있다. 이들이 세계 곳곳에서 다양한 의학 잡지와 제약회사, 자신들이 접촉할 수 있는 각국의 의사 결정자들을 만나며 성과를 이루어가는 과정은 '사람답게 올바로 사는 길'을 함께 가고자 하는 '윤리적 이타행(利他行)' 그것이다. 그들은 히포크라테스 선서 앞에서 결코 부끄럽지 않은, 커다란 의료인의 길을 걷고 있다고 생각한다.

이 서문을 쓰면서도 나는 다포의 자문위원으로서 한국에서 협회를 결성하고 장기 이식 윤리 활동을 실천해가고자 하는 것에 대한 자부심과 책임감을 동시에 느끼고 있다. 아울러 나는 한국의 전통적 사회 도덕과 윤리 의식에 대해 여전히 신뢰를 갖고 있다. 평범한 의사일 뿐인 내가 이 일을 시작한 것은 단지 남보다 조금 먼저 사안의 심각성을 인식했기 때문이다. 개인적으로 한국 국민들이 더는 저 비윤리적인 장기 거래 시스템에 연루되어 자신의 삶에 씻을 수 없는 오점을 남기지 않기를 바라는 마음뿐이다. 본 협회의 도메인(www.ethicalkorea.org) 역시 우리의 그런 마음을 담고 있다. 홈페이지를 찾은 한국인들이 서명을 하나씩 남길 때마다 우리는 더 큰 사명감을 느끼며 힘을 얻는다.

국제장기이식윤리협회의 할 일

　　　　　　　잠시 시간을 거슬러 올라가보자.《삼국유사》엔
신라 성덕왕 때 지어진 '해가(海歌)'라는 노래와 그에 얽힌 일화가 적혀
있다. 어느 날 강릉태수 순정공의 부인이 바다의 못된 용에게 납치당
했다. 부인을 잃은 순정공은 당황해서 허둥지둥할 뿐 방법을 대지 못
했고, 하인들도 어쩔 줄 몰라 발만 동동 굴렀다. 그때 어디선가 낯선
노인이 나타나 말했다. "너무 슬퍼하지 마시오. 옛말에 여러 사람의
말은 쇠도 녹일 수 있다고 했소(衆□鑠金). 못된 용이라 한들 어찌 여러
사람의 입을 두려워하지 않겠소? 백성들을 모아 함께 노래하면서 막
대기로 바닷가 언덕을 두드리시오. 그러면 반드시 잃은 부인을 되찾
을 수 있을 것이오."

나는 이 고사 속에 하나의 지혜가 담겨 있다고 생각한다.

불법적인 장기 거래 시스템의 중심은 중국이고, 중국이 공식적으
로 밝힌 장기 주요 공급원은 사형수들이다. 그러나 중국의 사형수들
가운데에는 파렴치한 범법 행위자만 있는 것이 아니다. 거기엔 표면
에 드러나지 않는 양심수들의 억울한 희생이 많이 포함되어 있다. 그
러나 중국은 G2의 영향력을 끊임없이 과시하며 국제사회의 입에 재
갈을 물려놓으려 한다. 진실이 폭로되는 게 두렵기 때문이다. 왕관을
쓰려는 자가 그 무게를 지탱하려면 고결한 책임의식이 따라야 함에도
불구하고, 장기 이식 윤리 부문에 있어서 중국 정부가 국제사회에 보
여온 태도는 지극히 실망스러운 수준이었다. 중국과의 관계에서 국제
사회가 주로 경제적 이해관계에 묶여 '중국 눈치 보기'에 기우는 것도

실망감을 보탠다. 윤리에 있어서 중간 지대란 무책임과 가깝다. 선과 악을 가늠하고 사회정의와 도덕을 분별함에 있어 애매모호한 중간자는 결국 자기기만일 뿐이기 때문이다. 실리(實利)를 너무도 신봉한 나머지 선악의 구분마저 외면한다면, 훗날 소탐대실(小貪大失)의 과오였음을 깨달을 터이다. 여기서 분명하게 말하고 싶은 것은, 적어도 장기이식에 있어서 중국 정부는 현재 국제무대에서 악역을 맡고 있다는 점이다. 과연 국제사회는, 한국의 의료계는, 우리는, 이 악역에 순응하고 동조하고 방관하는 '나쁜 편'이 될 것인가, 아니면 악과 대처하는 '좋은 편'이 될 것인가?

이웃 나라 타이완의 경우 국가 내 장기 이식 윤리를 바로세우기 위하여 이미 의사들과 시민이 중심이 되어 법인단체인 '국제장기이식관리협회'를 구성해 활동해왔으며, 국회에 관련 법안까지 상정시켰다. 일본에서도 교수 그룹을 중심으로 강제 장기 이식 근절을 위한 단체가 구성돼 있으며 시민단체가 활발히 활동하고 있다. 작년 일본 보건부 전체 공청회에서는 킬고어 씨 등이 조사 자료를 발표하고, 강제 장기 이식을 반대하는 세계적 동향을 설명하는 자리가 있었다. 한국은 현재 장기 이식 윤리 시민 활동 분야에 있어서 세계 흐름에 많이 뒤처져 있다. 그러나 2012년 가을 서울에서 킬고어 씨, 메이터스 씨와 함께 국제 세미나를 개최한 바 있다. 또 2013년 초 한국에서도 국제장기이식윤리협회가 결성되었고, 다포의 소개로 타이완의 국제장기이식관리협회와도 소통을 시작했다.

서두에 언급했듯, 내가 그동안 만났던 비교적 소신 있고 도덕적 원칙을 준수하는 인물들은 신앙인들이 많았다. 그것을 보며 그들의 도덕성은, 자신이 신앙하는 신에 대한 믿음과 외경심이 있기 때문이란 생각이 들었다. 이 책이 제시하는 자료를 근거로 한다면, 중국에서 벌어지고 있는 이 초유의 장기 이식 거래와 조직적 살해의 피해자 가운데 약 절반이 중국 내 파룬궁 수련생들이다. 다포나 국제장기이식윤리협회는 파룬궁 수련단체와는 무관한 비정부기구이지만, 파룬궁 박해 조사기구나, 파룬궁 수련단체가 확보한 증인과 대량의 증거, 그리고 수련생들의 제보와 협조는 필수적이다. 우리가 이를 위해 접촉한 국내외 파룬궁 수련생들 역시 종교인은 아니었지만 종교인 못지않은 수련생으로서의 자세를 갖추고 있었다. 결국 종교적이든 수련의 소신이든, 하나의 신앙이나 신념 체계는 그 자신의 도덕성을 보증하는 주요한 근거가 됨을 확인할 수 있다.

간혹 제3자적 관점에서 시민단체의 본질에 대해 특정 배후를 의심하고, 활동의 저의에 각종 이해관계가 개입된 것은 아닌지 우려하기도 한다. 본 협회가 중국 내 인권 탄압 사안과 관련해 표명하는 기본 입장은 '윤리'와 '인권'이다. 만약 인간이 자신의 종교나 신념을 지키려 한다는 이유로 박해를 받고 인간 존엄을 훼손당한다면, 이 일이 어디에서 발생했든 간에 우리는 관심을 가져야 하며, 그를 돕는 것이 사람의 이치이고 사회도덕이라고 생각한다. 이 '윤리'의 원칙은 범종교적이며 정치 이념을 초월하고 이익관계보다 우선한다고 나는 확신한다. 우리 협회는 장기 이식 윤리의 실현을 위해 국내외 종교계와 인권단체를 비롯해서, 각계각층의 수많은 정의 인사들의 참여를 도모하고 시민들의 적극적 동참을 이루어가고자 한다. 그렇게 한다면 장기 이식 윤리 활동은 필연적으로 성과가 있을 것이며, 우리가 모아낸 광범위한 바른 소리는 중국 내 강제 장기 이식 시스템을 곧 사라지게 할 것이다. 그리고 그 모든 성과는 이 책을 접하는 독자 제위에게도 나누어질 것이라 믿는다. 이것이 앞서 말한 중구삭금(衆口鑠金)의 결실 아니겠는가.

* * *

옛날 유능한 의원이 하나 있었다. 그는 대처에 나가 배워온 오묘한 비법으로 사람들을 진료했고, 그 뛰어난 시술은 삽시간에 소문이 나서 의원 집은 환자들로 인산인해를 이루었다. 부와 명예, 하늘을 치솟는 인기로 의원은 인생의 달콤함을 마음껏 구가했다.

그러던 어느 날, 의원은 자신이 몹쓸 병에 걸렸음을 알게 되었다. 정작 자신은 속수무책으로 죽음을 맞이해야 할 처지였다.

어두운 밤, 홀로 침상에 누워 시시각각 다가오는 죽음의 그림자와 대면하면서 의원은 눈물을 흘리다 문득 깊은 상념에 잠겼다.

'나의 일생을 한번 되돌아보자. 의원 생활을 해왔으니 나는 좋은 일을 많이 했을 것이다.'

의원은 살아오며 자신이 쌓은 공(功)과 과(過)를 마음속 저울에 달아보기로 했다. 개인의 이득이 개입된 일이었으면 과, 정말 순수하게 남을 위한 일이었으면 공으로 올려놓기로 했다. 어린아이 때의 희미한 기억부터 하나씩 차례로 떠올려보는데, 결국 등덜미와 머리까지 땀이 흘렀다. 자기 삶이 부끄럽게도 공은 얼마 없고 과만 많다는 사실을 알게 된 것이다.

'환자들을 봐온 일평생이었지만 명(名)과 이(利)를 구하는 마음으로 사람들을 대해왔구나. 공과의 저울을 좀 더 젊은 나이에 달아볼 줄 알았다면 얼마나 좋았을까?'

의원은 간절히 하늘을 우러러 기원했다. 만약 나에게 단 하루라도 시간이 남아 있다면, 그 하루는 오로지 남을 위한 시간으로 사용하리라고.

국제장기이식윤리협회(IAEOT) 회장 이승원

의학의 목적은 환자를 구하는 것이다. 의사들은 히포크라테스 선서를 하며 환자에게 해로운 일을 하지 않을 것을 맹세한다. 그러나 중국에서는 윤리적 원칙을 위반하는 일이 벌어지고 있는데, 바로 양심수를 포함한 수감자들에게서 생체 장기를 적출하는 일이다. 이 양심수들은 주로 파룬궁 수련생들이고 위구르인, 티베트인 등도 있다.

사실 장기 이식 범죄는 많은 국가에서 벌어지고 있는데, 중국은 여기에 국가 기관이 깊이 관여하고 있다는 점에서 특별한 상황이다. 어떻게 하면 우리는 중국이 장기 적출을 위해 살인을 저지르는 것을 멈추게 할 수 있는가?

여기에는 세 가지 기본적 해결 방안이 있다. 하나는 파룬궁과 같이 장기의 출처로 이용되는 특정 단체에 대한 박해를 멈추는 것이다. 1999년 중국 공산당 주석 장쩌민(江澤民)이 파룬궁을 금지했는데, 이는 파룬궁에 대한 높은 지지도가 당의 초절대성을 위협할까 봐 두려웠기 때문이다.

두 번째는 '노동 개조를 통한 재교육장'이라 불리는 노예 네트워크인 노동교양소를 폐지하는 것이다. 듣기 좋은 이름과 달리 이곳은 수많은 파룬궁 수련생을 가두어두고 거대한 장기 제공 은행으로 이용되고 있다.

세 번째는 장기 적출을 위한 사형을 중지하는 것이다. 그래야만 양심수에게서 장기를 적출하는 행위를 끝낼 수 있다.

인권 보호를 위해서는 많은 사람의 노력이 필요하다. 인권은 모든 인류와 관계된 것이지만, 그렇다고 말하기는 쉬워도 인권을 위해 일할 사람을 모으기는 쉽지 않다. 약 2,500년 전 사람인 그리스의 입법자 솔론이 말한 것처럼, 희생자가 아닌 사람들이 희생자와 마찬가지로 불의와 포악에 대하여 분노할 때에 비로소 불의와 포악을 끝낼 수 있을 것이다.[1]

각국의 국회의원, 언론, 윤리학자, 국제 인권 조직, 국제 변호사, 국제 문제 담당관, 인권 교육가 및 정부 간 인권 문제 담당관들이 모두 연합하여 중국에서 일어나고 있는 장기 이식 학살을 저지하는 데 힘을 합쳐 싸워야 한다. 지금까지 이러한 활동을 해온 단체가 있는데, 바로 의료 전문가들이다. 이 악행은 의료인의 전문성을 나쁘게 이용한 예이기 때문이다. 그리고 의료인들은 장기 이식에 대한 지식이 있으므로 장기 이식 범죄를 인지하기 쉽기 때문이다.

2006년 7월 《블러디 하베스트Bloody Harvest》 초판이 나온 뒤, 공동 저자인 데이비드 킬고어와 데이비드 메이터스는 이 보고서가 밝힌 악행과 싸우기 위해 세계를 돌아다녔다. 여러 나라 장기 이식 전문가들의 회의는 두 저자의 노고가 결실을 거두는 장이 되었다. 데이비드 메이터스는 2008년 오스트레일리아의 시드니, 2010년 캐나다의 밴쿠버에서 열린 이식협회대회, 2011년 필라델피아에서 열린 미국이식협회대회, 2011년 영국 글래스고에서 열린 유럽장기이식협회대회에 참석하여 이 책의 기고가들을 포함하여 이 분야의 전문가들을 만났다.

중국의 비윤리적 장기 조달을 막기 위해 비정부기구 '강제 장기 적출에 반대하는 의사들'이 세워졌다. 다포의 대표이자 이 책의 공동 편저자인 톨스턴 트레이 박사는 세계의 많은 의사들을 만나 이러한 반윤리 행위를 멈추게 하자는 바람을 공유했다.

이 책은 이러한 만남들과 의료계의 염려가 모여 이루어진 성과다. 이 책은 학살에 대한 성명이고, 학살을 멈추려는 노력에 대한 보고서이며, 학살을 멈출 때까지 끊임없이 싸울 것을 촉구하는 외침이다.

* * *

1장을 쓴 톨스턴 트레이 박사는 책의 주제를 소개하고, 중국에서 장기 이식 의학이 어떻게 지금에 이르렀는지를 폭로한다. 이 글은 장기의 출처를 분석하여, 공식적으로 알려진 장기 출처인 사형수의 숫자만으로는 그 많은 장기들의 출처를 설명할 수 없음을 보여준다.

2장을 쓴 아서 캐플란 박사는 자발적 동의가 있었다고 주장하면서 수감자의 장기를 적출하여 이식하는 행위의 윤리적 문제에 초점을 맞추고 있다. 필자는 의료 전문가들의 책임을 환기시키고, 의사들이 취할 수 있는 선택들을 설명한다.

3장을 쓴 가자리 아마드는 말레이시아의 의사이다. 그는 최근 몇 년 사이 말레이시아에서 겪었던 이식 수술 여행의 흐름을 이야기하고, 2006년 이후 최근까지 중국에서 말레이시아 환자들의 이식 치료가 어떻게 행해졌는지를 설명한다. 이 글은 윤리적 요구에 따르는 것이 최선의 의료 행위를 위한 전제 조건임을 상기시킨다.

4장을 쓴 에단 구트만 박사는 많은 증인들에 대한 상세한 인터뷰를 바탕으로, 장기 적출을 위하여 살해된 파룬궁 수련생들의 숫자를 예측한 조사 자료를 제시하고 있다.

5장을 쓴 장얼핑은 중국 이식 의학의 역사와 그에 관련된 법률을 이야기하고, 파룬궁 수련생들이 장기 적출의 표적이 되기 쉬운 이유를 설명하고 있다.

6장을 쓴 데이비드 메이터스는 에단 구트만과 동일하게 파룬궁 희생자들의 숫자를 다루고 있는데, 조사 방법은 달랐지만 두 결과는 대동소이하다.

7장을 쓴 데이비드 킬고어와 잔 하베이는 파룬궁의 전망과 중국에서 일어난 비윤리적인 장기 적출 만행을 둘러싼 역사적 사건 연대기를 기록했다. 그리고 개개인 희생자들과 나아가 그들의 실제 이야기를 구체적으로 서술하고 있다.

8장을 쓴 제이콥 라비 박사는 자신의 환자가 중국에서 단시간 내에 심장 이식 수술을 받은 경위를 설명한다. 그의 발전된 생각은 나중에 이스라엘의 새로운 장기 이식 법률에 적용되었는데, 이 법률이 만들어진 뒤 1년 사이에 장기 기증이 60퍼센트 이상 증가하였다.

9장을 쓴 가브리엘 다노비치 박사는 윤리적인 연구를 하여야 하는 과학자의 책임에 대해 정성을 들여서 이야기한다. 저자는 연구 성과를 의학 학술지에 발표할 때 윤리 기준을 도입할 것을 촉구하고 있다.

10장을 쓴 아르네 슈와츠는 중국에서 임상 실험에 사용된 장기 이식 관련 약물을 설명하면서, 중국에서 이식 장기의 90퍼센트 이상이 죄수들에게서 나오는 사실에 대하여 각 제약회사들이 어떻게 반응하는지를 상세히 설명하였다. 저자는 임상 실험에서 비윤리적으로 얻은 데이터는 과학 연구에 사용되어서는 안 된다고 주장한다.

마지막 11장을 쓴 마리아 A. 피아타론 싱은 의사로, 장기 이식 의료계에서 의학 윤리를 증진시키는 활동에 참여하게 된 개인적인 이야기를 썼다. 비록 장기 이식 분야의 전문 의료인은 아니지만, 중국의 비윤리적 장기 적출 행위를 중지하라고 요구하는 데 적극적인 역할이 필요하다고 느꼈다고 한다.

* * *

이 책은 중국 정치권의 권력 교체기에 출판되었다. 장기 이식 학살은 교체기에도 계속되고 있다.

데이비드 킬고어와 데이비드 메이터스가 이 분야를 조사하기 시작한 것은 워싱턴 D.C.에 살던 애니Annie(가명)라는 여인 때문이었다. 애니는 〈대기원시보(大紀元時報)〉와 인터뷰하며 그녀의 전남편이 2003년부터 2005년 사이에 쑤자툰(蘇家屯) 병원에서 파룬궁 수련생들의 각막을 어떻게 적출했는지 이야기했다. 〈대기원시보〉는 이 이야기를 2006년 3월 17일 자에 보도하였다. 애니는 같은 병원의 다른 의사들도 이러한 희생자들을 상대로 다른 장기를 적출하여 이식 수술을 했고, 그 수술로 사망한 파룬궁 수련생들의 시체는 소각되었다고 밝혔다.

애니의 인터뷰가 실린 뒤, 과연 그녀의 말이 진실인지를 두고 논쟁이 벌어졌다. 물론 예상대로 중국 정부는 그녀의 이야기를 부정하였다. 워싱턴 D.C.에 있는 비정부기구인 '파룬궁 박해 조사를 위한 연합 Coalition to Investigate the Persecution of the Falun Gong, CIPFG'은 데이비드 킬고어와 데이비드 메이터스에게 그녀의 주장에 대해 조사해달라고 요청하였다.

애니의 남편이 일했다는 쑤자툰은 중국 랴오닝(遼寧) 성 선양(瀋陽) 시의 구(區)이다. 이 지역은 보시라이(薄熙來)라는 정치인과 관련이 깊다. 보시라이의 아버지는 중국 부총리를 지낸 인물이고, 보시라이는 태자당(太子黨, 중국 공산당 원로의 친인척으로 이루어진 정치 계파)에 속한 것으로 분류된다. 그런 보시라이가 1993년부터 2001년까지 랴오닝 성 다롄(大連) 시장을 지냈다. 곧이어 2000년에는 중국 공산당 랴오닝 성 부서기로 임명되었고, 2001년 2월부터 2004년 2월까지 랴오닝 성의 성장(省長)을 지냈다.

랴오닝 성에 있을 동안 보시라이는 파룬궁을 잔혹하게 박해한 것으로 널리 알려졌다. 애니의 남편이 쑤자툰 병원에서 일하던 기간과 보시라이가 쑤자툰 병원이 있는 랴오닝 성장으로 있던 기간이 일치한다.

보시라이는 2004년 2월 베이징으로 가 상무부장(商務部長)에 임명되었다. 상무부장으로 있을 때 보시라이는 세계를 돌아다니며 중국과 교역을 맺고 중국에 투자하기를 독려했다. 역설적으로 그가 이런 활동을 펼친 덕분에 희생자들은 보시라이를 향해 랴오닝 성의 파룬궁 박해에 대한 책임을 묻는 소송을 제기할 기회를 얻었다. 그 소송은 캐나다, 미국, 호주를 포함한 13개국에서 제기되었다.

외국에서 제기된 소송으로 사면초가에 빠진 보시라이는 상무부장 자리에서 물러났으며, 해외여행이 필요한 새로운 직책을 맡지 못하게 되었다. 2007년 11월 보시라이는 충칭(重慶) 시 서기로 자리를 옮기면서 25명의 중국 공산당 중앙위원의 일원이 되었다.

왕리쥔(王立軍)은 2003년부터 2008년까지 랴오닝 성 진저우(錦州) 시 공안국 현장심리 연구센터 주임으로 일했다. 그곳에서 왕리쥔은 주사 사형에 관한 연구를 진행하였다. 그것은 주사로 사형을 당하는 사람에게서 죽기 직전 장기를 적출하는 방법을 연구하는 것이었다. 나아가 그는 주사 사형을 당한 사람의 장기를 이식받은 환자가 그 주사약 때문에 일으킬 수 있는 부작용에 대해서도 연구하였다.

2006년 9월 왕리쥔은 이와 같은 연구와 사망유도 주사 실험으로 광화(光華) 과학기술기금 혁신특별기여상을 받았다. 수상 연설에서 왕리쥔은 그의 연구진들과 함께 진행한 수천 건에 이르는 주사 사형수들의 장기 적출 사례에 대하여 이야기하였다.

왕리쥔은 2003년부터 2004년까지 랴오닝 성에서 보시라이 밑에서 일을 하였다. 보시라이가 베이징에서 충칭으로 옮긴 직후인 2008년에 보시라이는 왕리쥔을 불러들여 충칭 시의 공안국 요직들을 맡겼다. 왕리쥔은 2011년에 충칭 시 부시장으로 임명되었다.

2012년 2월, 왕리쥔은 청두(成都) 시의 미국 영사관에 들어가 보호를 요구하면서 미국으로 망명을 신청했다. 이 사건은 전 세계를 놀라게 하였다. 그럼에도 불구하고 미국 정부와 왕리쥔은 망명을 원하는 이유를 공개적으로 밝히지 않았다. 미국 정부는 망명 신청을 거절하였고, 왕리쥔은 중국 정부에 넘겨졌다. 이 책의 서문을 쓰고 있는 지금 왕리쥔은 감금되어 있다.

보시라이는 2012년 가을에 거행되는 중국 공산당 중앙정치국 9명의 상무위원 중 한 사람이 될 것으로 예측되는 인물이었다. 그러나 왕리쥔의 망명 시도 직후 보시라이는 충칭 시와 중앙정치국 위원에서도 보직을 잃었다.

한 소식통에 따르면 중국 총리 원자바오(溫家寶)는 이 사건이 일어난 후 얼마 지나지 않아 열린 1차 중난하이(中南海) 공산당 내부회의에서 강제 장기 적출과 보시라이와 관련된 문제에 대하여 다음과 같이 말하였다고 한다.

> 마취도 없이 살아 있는 사람의 장기를 적출해서 돈을 받고 파는 일을 어떻게 사람이 할 수 있는가. 이런 일이 몇 년 동안 일어났다. 우리는 곧 은퇴하지만 이 문제는 아직 해결되지 않았다.
> 왕리쥔 사건이 전 세계에 알려진 이상 이 사건을 이용해서 보시라이를 처벌하자. 파룬궁 문제를 해결하는 것이 자연스러운 선택이 될 수밖에 없다.[2]

비밀리에 열린 공산당 회의에서 어떤 말이 오갔는지는 공개적으로 입증할 수 있는 것이 아니다. 그러나 누구나 확인할 수 있는 일이 하나 벌어졌다. 중국 정부가 파룬궁 수련생의 장기 적출 살해에 대한 검색 차단을 일시적으로 풀었다는 사실이다. 2012년 3월 말, 공식적으로 제재를 받는 중국의 대표 검색 엔진 바이두(百度)에서 이식에 관한 검색 결과를 얻을 수 있었다. 여기에는 데이비드 킬고어와 데이비드 메이터스가 한 작업, 《블러디 하베스트》, 왕리쥔의 장기 적출 관여에 대한 정보 등이 포함되었다.

지니가 마법의 램프에서 빠져나가면 큰일이 생긴다. 요정을 가둔 병에 작은 틈만 생겨도 요정이 빠져나올 수 있는 것처럼 아무리 정보 통제가 엄격한 사회라도 정보는 퍼지게 마련이다. 중국에서 권력 투쟁 중인 세력들이 선택적으로 장기 적출 악행에 관한 정보를 누설하고 이용하면, 그것은 권력 투쟁 이상의 효과를 가져올 것이다. 그래서 그 악행에 실질적인 타격을 가하게 될 것이다. 우리는 이 책이 그 실질적 타격을 확대할 수 있기를 바란다.

데이비드 메이터스

톨스턴 트레이

---

1 "The Lives and Opinions of Eminent Philosophers by Diogenes Laertius," translated by C. D. Yonge, *Life of Solon,* Section 10.
2 Cheng Jing, "Wen Jiabao Pushes for Redressing Falun Gong, Source Says," *Epoch Times,* April 9, 2012.

중국
장기 이식의
충격 실태

장기를 적출하기 위하여 살아 있는 사람들이 살해된다는 이 끔찍한 이야기에 대해 비판적인 사람들은 명백한 증거를 요구할지도 모른다. 확실한 증거를 원한다며 동영상, '기증자'나 의사들의 목격 증언 등을 요구할 수도 있을 것이다. 그런데 살아 있는 사람에게서 장기를 적출하는 범죄 행위는 극히 예외적이고 잔인한 것이어서 도리어 은폐되기 쉽고, 확실한 증거를 얻기 힘들다는 점을 이해할 필요가 있다.

중국 장기 이식의
충격 실태

톨스턴 트레이

의사로서의 전환점

2006년 초, 주류 언론의 큰 관심을 받지 못하던 조그마한 뉴스가 나의 주의를 끌었다. 중국에서 의사들이 양심수의 장기를 동의 없이, 게다가 산 채로 적출한다는 주장을 담은 내용이었다. 나는 이해할 수 없었다.

나는 즉시 《블러디 하베스트》[1]의 바탕이 된 보고서의 초판을 읽었다. 이 보고서는 데이비드 메이터스와 데이비드 킬고어가 공동 저술한 것으로, 앞의 주장에 관한 보고서였다. 이 보고서는 17개의 증거들을 제시했는데, 여기에는 중국 병원의 의사들이 "파룬궁 수련생에게서 나온 신선한 장기"를 가지고 있다고 한 전화 기록이 포함되어 있었다. 이 보고서는 박해받고 있는 수련 단체의 구성원들이 자신의 뜻에 반하여 장기를 적출당하고 있음을 암시하였다.

그해 7월, 나는 미국 보스턴에서 열린 세계이식학회World Transplant Congress에 참석하여 중국에서 온 의사들과 대화를 나누었다. 그중 한 사람은 톈진동방이식센터(天津東方移植中心)에서 온 간 이식 전문 외과 의사인 류(劉) 박사였다. 이 병원은 이식 수술이 가능한 톈진 소재의 병원 3곳 중 하나이다. 류 박사는 장기 이식에 관한 지식이 풍부하고 경험도 많은 의사였다. 그의 병원에서 간 이식 수술을 몇 건이나 행하고 있는지 묻자, 류 박사는 작년에 약 2,000건을 했다고 대답하였다. 단 한 곳의 병원에서 그렇게 많은 간 이식 수술을 한다는 사실에 나는 깜짝 놀랐다. 그래서 대체 그 많은 장기가 어디에서 오느냐고 물었으나 만족할 만한 답을 얻지는 못했다.

그 후 나는 다른 중국인 의사와 이야기를 했는데, 그는 당시에 독일 하노버대학의 장기 이식 관련 연구소에서 일하고 있었다. 그는 새로운 장기 이식 분과를 설치하려는 중국 두 곳의 병원으로부터 초청을 받았다고 이야기하였다. 나는 공식적인 장기 기증 프로그램이 없는 중국에서 그렇게 빨리 장기 이식 분야가 발전하는 이유와, 그 장기들이 어디에서 오는지에 대해서 물었다. 그 의사는 회의장 바깥에서 생체 장기 적출 만행에 대한 소개서를 붙이고 있는 사람들을 가리키면서 "저 바깥에 있는 파룬궁 수련생에게 물어보라"고 대답하였다. 그 대답은 그 장기들이 박해를 받고 있는 파룬궁 수련생들에게서 나온다는 것을 의미하는 것이었다.

나는 중국에서 장기가 어떻게 조달되고 있는지 좀 더 조사해보았다.

나는 공식적인 장기 기증 프로그램이 없는 중국에서 그렇게 빨리 장기 이식 분야가 발전하는 이유와, 그 장기들이 어디에서 오는지에 대해서 물었다. 그 의사는 회의장 바깥에서 생체 장기 적출 만행에 대한 소개서를 붙이고 있는 사람들을 가리키면서 "저 바깥에 있는 파룬궁 수련생에게 물어보라"고 대답하였다.

그러고 나서 사형수들에게서 장기 적출이 체계적으로 행해지고 있고, 이는 윤리 기준을 완전히 위배하는 것이라는 사실을 알게 되었다. 나는 나치 수용소에서 자행되었던 인체 실험이 떠올랐다. 그리고 의사들이 인권 범죄에 관여되어 있으니, 같은 의학 분야 종사자로서 이와 같은 의료적 과오에 대하여 의학 전문계 내에서 대응해야 할 책임감을 느꼈다. 그러므로 '강제 장기 적출에 반대하는 의사들'[2] 일을 시작한 2006년은 나의 의사 인생에 전환점이 되었다.

기증을 강요당하는 사람들

이식 의학은 인류의 생명을 구하고 연장시키며 삶의 질을 향상시키는 데 성공적으로 기여했다. 그리고 의학 전문 분야 가운데 상대적으로 새로운 분야이다. 이식 의학은 새로운 이식 물질을 제외하고는 사람에게서 기증받은 인체 장기에 대부분을 의존한다. 즉, 인체 장기를 얻는 일은 이식 의학 분야에서 필수적 요소이다.

이식 의학이 성공함에 따라 장기에 대한 수요가 급격히 늘었다. 장기의 획득은 자발적인 동의에 기초하고, 공식적인 장기 기증 프로그램을 통해서 운영된다. 장기 공급은 한정되어 있고 수요는 증가하고 있기 때문에 적합한 장기를 찾기까지 대기하는 시간이 길어지고 있다. 때로는 대기 시간이 환자에게 남은 수명보다 길 때도 있다. 그러다 보니 장기 밀매가 성행하게 되었고, 손쉽게 이식 수술을 받기 위해 여행을 떠나는 환자들이 늘어났다.

환자가 이식 수술을 받기 위하여 해외로 여행가는 경우도 있고, 기증자가 환자가 살고 있는 나라로 여행을 하는 경우도 있다. 그러나 어떤 경우가 되었든 일반적으로 환자는 기증자로부터 장기를 구입한다. 이와 같은 일이 가능하려면, 한 개의 신장을 기증하는 경우와 같이 기증자가 장기를 기증한 이후에도 반드시 살아남아야 한다. 이는 건강보험회사 입장에서 상당히 유혹적인 모델이다.[3] 왜냐하면 장기 이식을 기다리는 동안 건강을 관리하고 치료하는 데에 비용을 쓰는 것보다는 빨리 이식 수술을 받는 편이 훨씬 더 경제적이기 때문이다. 특히 신장병이 있어 투석을 받는 경우는 더욱 그렇다.

이식할 장기를 구입하는 것은 윤리적인 논쟁의 여지가 있는 회색지대이다. 그러나 중국에서 이식 의학은 그 회색지대를 벗어나버렸다. 장기를 기증한 뒤에도 기증자들이 살아남는 것이 보통인데, 중국에서는 다르다. 중국에서의 장기 획득은 대부분 장기 기증자의 '의도된 죽음'에 기초하고 있기 때문이다. '의도된 죽음'이 사고사나 자연사를 가리키는 것은 아니다. 파룬궁 수련생들의 사례에서 보듯이 다른 사람의 결정이나 의사를 통해서, 예를 들면 법정의 판사 판결에 따라서, 또는 공산주의 정부가 독단적으로 죄수로 만든 사람들을 무자비하게 살해함으로써 죽음에 이르게 된 것을 가리킨다.

공식적인 장기 기증 프로그램이 있는 나라에서는 '기증할 것인지' 아니면 '기증하지 않을 것인지' 기증자의 자발적 선택을 기초로 하고 있다. 그러나 중국에서 장기를 '기증하겠다'고 결정하는 일은 사형수나 양심수와 같이 약소 집단이나 소수 민족에게 부과되는 일이다. 다르게 말하면, 수감자들은 그들의 장기를 기증할 것을 '강요'받는다. 이에 대한 공식적인 설명은 "사형수들은 자신의 장기를 기증함으로써 죄를 갚기를 원한다"는 것이다. 그러나 사형수의 장기 적출은 '자발적 동의하의 기증'이라는 윤리 기준에 부합하지 않는다.

2006년 세계의사협회World Medical Association, WMA 이사회는 '중국에서의 장기 기증에 관한 결의'[4]를 채택하였다. 이 결의는 "수감자들이나 구금 중인 사람은 자발적으로 동의할 수 있는 입장에 처해 있지 않다. 그러므로 그들의 장기는 절대로 이식 수술에 사용되어서는 안 된다"는 점을 명시하고 있다. 같은 결의안에서 세계의사협회는 "장기 기증은 충분한 설명이 제공된 이후에 자발적 동의를 통해 이루어져야 한다"고 재차 언급하였다. 나아가 "중국의학협회Chinese Medical Association, CMA는 이러한 윤리 원칙과 기본 인권을 위반하는 행위를 책망하고, 중국 의사들이 처형된 중국의 수감자들의 장기 적출이나 이식에 관여하지 않도록 확고히 해야 할 것"과, "중국은 수감자들을 장기 기증자로 이용하는 관행을 즉시 중지할 것"을 요구하였다.

2007년 코펜하겐에서 열린 세계의사협회 회의에서 중국의학협회는 직계 가족을 위한 경우를 제외하고 사형수들의 장기를 이식에 사용하는 관행을 중지할 것을 약속하였다. 그러나 그로부터 5년이 지난 시점에서도 중국의 공식적인 보고에 따르면 여전히 기증되는 장기의 90퍼센트가 사형수들에게서 나온다고 한다.[5]

나는 "사형수들이 그들의 장기를 기증하기를 원한다"고 하는 공식적인 설명을 좀 더 살펴보고자 한다. 2003년부터 2009년 사이에 중국 전역에서 있었던 자발적인 장기 기증은 단 130건이었다.[6] 중국인들이 전통적으로 장기 기증을 꺼린다는 것은 널리 알려져 있다. 이는 죽은 뒤에도 사체가 깨끗이 보존되어야 한다는 유교의 영향을 크게 받았기 때문이다.

만일 중국인들 사이에 존재하는 장기 기증에 대한 전통적인 거부감이 공적 장기 기증 프로그램이 뿌리내리지 못하게 할 정도로 만연되어 있다고 해보자. 그렇다면 사형수들 사이에서만 눈에 띄게 높은 '장기 기증 동의율'은 어떻게 설명할 수 있겠는가? 이는 동의하라는 강요가 있었던 것이고, 세계의사협회의 윤리 기준이 옳았다는 것을 의미한다. 즉, 감금은 확실히 죄수의 선택에 영향을 미치고 있고, 자유로운 상황이었다면 그들은 결코 이와 같은 결정을 하지 않았을 것임을 뜻한다. 만일 동의율이 100퍼센트 가깝도록 높지 않다면 매년 1만 ~ 2만 건의 이식 수술에 필요한 장기를 공급하기 위해서는 얼마나 많은 수감자들이 필요하겠는가?

동의의 과정을 고려하지 않고 보더라도 중국에서의 장기 획득은 대부분 기증자의 사망에 기초하고 있다. 그런데 그 사망은 인위적인 것이지 결코 사고사나 자연사가 아니다. 장기가 적출되는 동안에도 '기증자'가 살아 있는 사례들을 포함해서, 사형수나 양심수들이 강제로 장기를 적출당하고 있다고 이야기하는 것이다.

중국에서의 장기 획득 관행에 대한 면밀한 고찰

중국에서 사형수를 처형한 뒤에 장기를 적출하는 관행은 1980년대 중반에 시작되었다. 그때부터 사형수들이 이식 장기의 주요 공급원이 되었다는 사실은 일반적으로 인정된다. 처형된 사형수의 숫자는 완만하게 증가했는데, 장기 이식의 숫자는 1999년부터 급속하게 증가하고 있다. 〈차이나 데일리(中國日報)〉의 보도에 따르면 장기 이식이 2005년에는 2만 건에 달했다고 한다. 그리고 1999년 약 150개였던 중국 장기이식센터는 2006년 약 600개로 증가하였다. 1999년 이후 장기 이식이 기하급수적으로 증가하기도 했지만, 그보다는 장기이식센터 인프라가 급속하게 팽창했다는 것이 엄청난 수량의 장기가 존재함을 좀 더 잘 설명해준다.

중국에 효과적이고 공식적인 장기 기증 프로그램이 존재하지 않는다는 점을 고려한다면 이것은 더욱더 놀라운 일이다. 지금까지 중국에서는 공식적인 장기 기증 프로그램을 운영하려는 노력이 별로 성과를 거두지 못했다. 따라서 중국 내 장기이식센터가 늘고 이식 의학이 발달하고 있는 것은 앞으로도 장기를 적출당하기 위해 죽어갈 사람의 숫자가 꾸준히 증가할 것임을 반영하는 것이다.

우리는 이 지점에서 전례가 없는 새로운 의학적 현실을 마주하게 된다. '수감자를 처형한다'는 명목으로 살인이 이식 의학의 주요한 부분이 되어버린 것이다.

1999년 이후 이식이 급격히 늘어난 것 말고도 또 다른 현상을 확인할 수 있다. 중국 병원들의 웹사이트에서는 1~4주쯤 대기하면 그 안에 외국 환자들에게 적합한 장기를 제공할 수 있다고 제안한다. 중국의 대학들은 시범 이식 수술을 위하여 외국의 이식 전문가들을 몇 주 내지 몇 개월 전에 미리 섭외하여 초청하는데, 심지어 하루 중 언제가 수술을 하기에 가장 적합한 시간인지까지도 묻는다.

만일 이식 장기의 90퍼센트 이상이 사형수에게서 나오고, 그러므로 언제 수감자의 장기를 가져올 수 있는지를 결정하는 것이 대개 판사들의 판결이라면, 어떻게 수술 일정을 미리 통지하여 계획할 수 있겠는가? 중국의 법률은 사형 판결 후 일주일 이내에 처형할 것을 규정하고 있기 때문에,[7] 이에 따르자면 최대 일주일 전에 이식 수술 일정을 잡을 수 있다. 따라서 장기 수여자를 위해 2주 이상 미리 일정을 잡는다는 사실, 게다가 하루 중 언제 수술을 할지까지 미리 정할 수 있다는 사실을 보면 의아하게 생각하지 않을 수가 없다.

또한 사형 건수가 이식에 필요하다고 예상되는 수보다 많아서 충분히 많은 장기가 공급되고 있는 것인지, 사형 판결이 죄수의 혈액형이나 조직 거부반응 여부에 영향을 받는 것인지,[8] 그들이 공식적으로 말하는 '90퍼센트'라는 높은 동의율로도 설명되지 못하는 또 다른 장기 출처가 있는 것은 아닌지 등등 의심이 드는 것이다.

국제앰네스티Amnesty International는 중국에서 매년 약 2,000명의 죄수들이 처형된다고 추산한다. 다른 단체에서는 약 8,000명에 달한다고 추산하기도 한다. 이것은 대략 하루에 6~22건의 처형이 있다는 것을 의미한다. 연간 1만~2만 건 이식된다는 것은, 매일 27~54건 이식된다는 것을 의미한다. 나이가 많은 사형수나, 수감자들 간에 유행하는 전염병이라든지 기타 각종 질병 때문에 장기 기증이 부적합한 사형수들을 제외하는 요소들을 고려하여 정확히 숫자를 계산하는 일은 전문가들의 몫으로 남겨두자.[9] 결국 일부 사형수들만이 장기 기증에 적합할 것이고, 또한 그들의 모든 장기가 이식 수술에 적합한 것도 아닐 것이다. 혈액형, 조직 요소, 그리고 짧은 시간 내 문제를 해결해야 하는 데서 오는 다양한 변수를 감안하면 이식 수요에 빠르고 구체적으로 대응하는 모습에서 더 큰 의구심이 든다.

이식에 이용되는 장기의 '90퍼센트'가 사형수들에게서 나온다는 공식적인 주장을 믿는다면, 슬프지만 사람들은 '안도감'을 느낄 수도 있다. 그럼에도 불구하고 만족스럽지 못하다. 사형수들만으로는 중국의 불가사의한 장기 공급량을 충분히 설명할 수 없기 때문이다. 어떻게 수요에 바로 대응하는 중국의 장기 획득 시스템이 설명될 수 있겠는가? 사형수 이외에 다른 장기 공급원이 틀림없이 있을 것이고, 그들은 분명 언제라도 장기 적출이 될 준비가 되어 있는 감금된 사람들일 것이다.

2006년 데이비드 메이터스와 데이비드 킬고어는 《블러디 하베스트》의 바탕이 된 보고서의 초판을 출판하였다. 이 보고서를 보면 파룬궁[10]이라는 심신 수련을 하는 사람들이 살아 있는 장기 공급의 주요 출처라는 명백한 증거를 확인할 수 있다. 1999년 박해가 시작된 이래 지금까지 수십만 명의 파룬궁 수련생들이 불법으로 감금되거나, 중국 공산당 정부에 의해서 사회로부터 격리되고 비인간적인 박해를 받아왔다.

나는 2년 동안 감금되어 있던 한 파룬궁 수련생과 대화를 나누며 깜짝 놀랐다. 그는 감금되어 있는 동안 아무런 건강상의 문제가 없는데도 열 번이나 혈액검사를 받았다. 혈액검사는 비용이 많이 든다. 감금된 파룬궁 수련생들이 세뇌, 중노동, 고문 또는 고문치사를 당하고 있는데, 그 와중에 엑스레이, 초음파, 혈액검사 등 특별한 신체검사를 왜 받아야 했는가? 이 검사들은 분명 희생자들의 건강을 염려해서 진행한 것이 아니다. 왜냐하면 고문과 박해를 멈추기만 하면 추가 비용

없이 건강을 유지할 수 있기 때문이다. 감금당했던 파룬궁 수련생들 가운데 많은 이들이 정체를 알 수 없는 약물 주사를 맞았으며, 이와 유사한 신체검사를 받았다고 증언하고 있다. 이것은 누가 생각해보아도 체계적으로 의료 정보를 수집하고, 잠재적인 생체 장기 공급원을 체계적으로 분류하기 위해 실시한 것이라고 짐작할 수 있다.

어떻게 이러한 결론에 이를 수 있는가? 우리는 이렇게 추측한다. 파룬궁에 대한 박해가 시작된 1999년부터 2001년 사이, 원래 사형수에게서 장기를 적출하던 관행이 파룬궁 수련생들에 대한 박해와 결합되었다. 이로써 한 푼의 가치도 없던 고문 처형된 희생자들의 시체가 '돈을 벌어들이는 생물자원biomass', 즉 이식 장기의 출처가 되었다고 말이다.

중국 병원의 웹사이트들은 신장 이식에 미화 6만 달러, 간 이식에 미화 10만 달러라고 광고하였다. 어떤 군 병원들은 장기 이식이 그들의 제1 수입원이라고 웹사이트에 자랑까지 하였다. 21세기에 이런 일이 일어나고 있다니 이해하기도 믿기도 어려운 일이다. 그러나 감금된 수많은 양심수들이 신체검사 및 분류를 거쳐서 동의 없이 생체 장기 공급원으로 전락한 것은 사실이다. 혈액과 조직 요소가 장기 이식을 원하는 사람과 맞기만 하면 파룬궁 수련생은 죽임을 당하고 그의 장기들은 적출된다.

이러한 시나리오는 모골이 송연해서 많은 사람들이 차마 믿을 수가 없을 것이다. 너무 잔인해서 사실일 리 없다는, 설마 그런 일이 있겠느냐 하는 생각 때문에 중국은 이를 10년 동안 은폐할 수 있었다. 미국의 연방대법원 최고판사인 펠릭스 프랑크푸르터Felix Frankfurter가 나치 독일 수용소에서 홀로코스트를 직접 목격한 잔 카스키Jan Karski의 증언에 대하여 했던 말을 떠올려보라.

"나는 당신이 거짓말을 하고 있다고 말하는 것이 아니라, 당신이 한 말을 차마 믿을 수가 없다는 것이다."

우리가 알고 있듯이, 차마 믿을 수 없었기 때문에 나치 수용소에서 사람들이 계속 죽어나가는 것을 막을 수 없었다.

생각해보자. 중국 공산당의 통치 아래에서 파룬궁 수련생들은 기본적 인권을 보장받지 못하고 있으며, 그들의 생명은 한 푼의 가치도 없다. 그들은 판사가 노동교양소 수감이나 사형을 선고해도 법적 보호를 기대할 수가 없다. 지난 13년 동안 수십만 명의 파룬궁 수련생들이 고문을 받았고, 그로 인해 목숨을 잃었다. 이러한 조건에서 생명에 대한 존중과 법적 책임에 대한 두려움이 전혀 없이, 한 생명을 구타하여 죽이는 대신 돈을 벌어들이는 장기 공급원으로 이용하는 것은 매우 손쉬운 일일 것이다.

장기를 적출하기 위하여 살아 있는 사람들이 살해된다는 이 끔찍한 이야기에 대해 비판적인 사람들은 명백한 증거를 요구할지도 모른다. 확실한 증거를 원한다며 동영상, '기증자'나 의사들의 목격 증언 등을 요구할 수도 있을 것이다. 그런데 살아 있는 사람에게서 장기를 적출하는 범죄 행위는 극히 예외적이고 잔인한 것이어서 도리어 숨겨지기 쉽고, 확실한 증거를 얻기 힘들다는 점을 이해할 필요가 있다.

기증자는 살아남지 못하며, 군의관들을 포함하여 그에 관여한 의사들은 신분이 노출된다는 커다란 위험을 안고 있다. 살아 있는 사람에게서 장기를 적출한다는 것을 조사하는 데 있어서 '확실한 증거'를 고집하거나, 또는 확실한 증거가 제시되지 않았다고 해서 기타 증거들을 배척하는 것은 도리어 비합리적이다. 재판에서도 소위 '확실한 증거'는 없더라도 정황 증거에 따라 판결을 내리는 경우가 드물지 않다. 데이비드 메이터스와 데이비드 킬고어의 최근 보고서가 주장하는 50여 가지의 정황 증거들과 엄격하고 전문적인 분석에 따르면, 살아 있는 사람에게서 장기가 적출되었으며 지금도 계속되고 있다는 결론을 내리는 것이 타당하다.

우리는 의사이지 판결을 내리는 판사가 아니다. 그러나 우리는 손에 넣은 정보들을 가지고 국제사회를 향하여 이 주제에 주의를 기울여달라고, 좀 더 깊이 있는 조사를 하라고 요구할 책임감을 느낀다. 우리는 '확실한 증거'를 요구하는 사람들이 그 에너지를 중국 병원들에 대한 전문적 조사에 사용하기를 바란다.

제2차 세계대전이 벌어지던 1944년, 국제적십자는 테레지엔슈타트 게토Theresienstadt Ghetto(체코에 세워진 유대인 수용소)를 조사하러 갔다. 그러나 조사관은 나치의 거짓 설명을 믿는 바람에 살인 가스실을 깨끗한 샤워실로 잘못 판단하였고, 이 판단 때문에 수많은 목숨을 앗아버리는 끔찍한 결과를 낳았다. 우리는 그런 역사를 떠올려야 한다. 우리 손 안에 있는 모든 정황 증거들을 가지고, 테레지엔슈타트의 속임수를 되새기면서 인간성에 반하는 이 범죄가 더 진행되기 전에 중국에서 전문적인 조사를 실행하도록 요구하여야 한다.

최근 중국 정부는 앞으로 3~5년 이내에 처형된 죄수들에게서 장기를 적출하는 일을 그만두겠다고 발표했다. 그러나 이것이 칭찬받을 일이라고 말할 수는 없다. 우리는 단지 사형수들의 장기 적출을 즉각 멈추어야 한다고 요구하는 것만이 아니다. 감금된 파룬궁 수련생과 다른 양심수 들의 생체 장기 적출 역시 즉각 중단해야 한다고 주장한다. 그러나 중국 정부가 파룬궁 수련생의 장기 적출을 언급하거나 인정하지 않는 한, 전문가들이 각각의 병원들을 방문하여 조사하는 것을 허용하지 않는 한, 인간성에 반하는 이 범죄가 계속 비밀에 부쳐지는 한, 국제적십자사가 테레지엔슈타트 게토 조사에서 실패했던 사례와 마찬가지로 국제 의료사회는 속을 위험성이 매우 크다.

의료인이 행동에 나서야

　　　　중국에서 사형수들의 장기를 적출한다는 사실은 의료계와 기타 전문가들의 거센 반대와 격한 반응을 불러일으켰다. 다포, 이식협회The Transplantation Society, TTS, 세계의사협회와 같은 의료 단체나 협회뿐만 아니라 많은 개인 의사들이 중국의 비윤리적인 장기 적출을 반대하기 시작했다. 그 일부가 주도적으로 조사를 시작하였는데, 프란시스 나바로Francis Navarro 교수도 그중 한 명이다.[11]

나와 함께 이야기를 나눈 수많은 의사들은 사람에게 해를 입히는 행위에 의료 전문가가 관여해서는 안 되고, 중국에서의 장기 적출은 윤리 기준에 부합하는 것이 아니며 반드시 종식되어야 한다는 점에서 의견을 같이하였다.

중국에서의 비윤리적 절차들에 대하여 좀 더 알고자 하는 의료 또는 비의료 전문가들에게 다포는 좋은 본보기가 될 것이다. 다포는 포럼을 공동 개최하거나 조직하였으며, 미국 국회의사당에서 열린 전문가 토론을 포함하여 여러 전문가 토론에 참가하였다. 이 포럼들은 엄청난 반향을 일으켰으며, 의사들과 청중들은 걸어나와 지지를 표하였다. 서명장은 우리가 얻은 지지를 그대로 보여주는데, 보통 90퍼센트에 달하는 참여자들이 우리의 청원에 서명하였다. 우리는 《미국 의사협회 저널JAMA》에 편지를 싣는 등 의학 저널들에 여러 글을 발표하려 노력해왔다.[12] 다포의 임무는 이와 같은 사실을 더 많이 알리고, 비윤리적 장기 적출을 뿌리 뽑자고 호소하는 것이다.

우리와 같은 소망을 이루기 위해 함께하는 많은 단체가 있다. 우리는 2012년 초 이식협회에 성명을 요청했는데, 이식협회의 대표 프랜시스 L. 델모니코Francis L. Delmonico는 다음과 같이 대답하였다.

> 이식협회는 처형된 죄수들의 장기를 사용하는 것에 반대한다. 그리고 '이스탄불 선언'에 의거하여 이식협회는 사형수들에게서 나온 장기 사용이 포함된 중국의 국제회의 보고 발표와 의학 서적의 자료 발표를 반대한다.

유엔의 고문에 관한 특별조사위원이면서 교수인 만프레드 노왁Manfred Nowak 박사는 유엔 인권위원회에 몇몇 보고서를 제출하였다. 이 보고서에도 중국의 장기 적출에 대해 언급되어 있다. 노왁 박사는 "(파룬궁) 수련생들은 심장마비를 일으키는 주사를 맞고, 장기가 적출되는 동안이나 적출 직후 살해당한다"고 밝혔다.[13] 그는 또한 사형수들이 주요한 장기 출처라는 설명은 "설득력이 없다"고 지적하였다. 조사하러 중국을 방문하였을 때 노왁 박사는 자신의 요청에 매우 느리게 대응하는 중국의 태도에 맞닥뜨렸고 그래서 중국은 투명성이 부족하다고 지적하였다.

오늘날 의료 업무와 조사 연구는 전 세계적으로 서로 긴밀하게 연결되어 있다. 그러한 국제적인 네트워킹에는 문화적 혹은 사회적 차이들이 존재한다. 그러나 이런 차이에도 불구하고, 의학이 그 존귀한 목적을 상실하지 않은 곳에서는 공통적으로 인간의 생명에 대한 존엄성이 지켜진다. 중국에서는 일부 공산당 지도자들이 그들의 증오심을 파룬궁에 돌리고, 인간성에 반하는 범죄를 저지르고 있다. 다른 사람의 이식 수술에 제공할 장기를 얻기 위해 인간을 살해하는 것은 인간성에 반하는 범죄일 뿐만 아니라, 의학의 사명을 저버린 행위이며, 이식 의학을 부조리 상태에 빠뜨리는 것이다. 지금은 바로 의료 전문가들이 행동할 때이다.

주

1   Matas, D. and D. Kilgour, *Bloody Harvest: The killing of Falun Gong for their organs* (Woodstock, Canada: Seraphim Editions, 2009).

2   www.dafoh.org (Last accessed April 24, 2012).

3   Bramstedt, K.A. and Xu J, "Checklist: Passport, Plane Ticket, Organ Transplant," *Am J Transplant.* 7(7)(2007):1698-1701.

4   http://www.wma.net/en/30publications/10policies/30council/cr_5/index.html (Last accessed April 24, 2012).

5   http://www.theepochtimes.com/n2/china-news/chinese-netizens-ask-hard-questions-about-organ-transplantation-202781.html (Last accessed April 24, 2012).

6   Yu X., "Cultural taboos and corruption," *Newschina.* (July 1, 2011): 17-19.

7   중국 형사소송법 제211조.

8   Beholz, S. and R. Kipke, "The Death Penalty and Organ Transplantation in China: The Role of Academic Heart Surgeons," *J Heart Lung Transplant* 26 (2007):873-5.

9   http://articles.boston.com/2012-03-24/world/31230487_1_huang-j iefu-organ-donations-harvesting-organs (Last accessed April 24, 2012).

10   http://faluninfo.net/ (Last accessed April 24, 2012).

11   http://www.theepochtimes.com/n2/world/organ-harvesting-in-chin a-26322.html (Last accessed April 24, 2012).

12   Trey, T., A. Halpern and M.A. Fiatarone Singh, "Organ Transplantation and Regulation in China," *JAMA,* Vol 306 No.17(November 2, 2011):1863-4.

13   http://www.theepochtimes.com/n2/china-news/manfred-nowak-china-organ-harvest-20596.html (Last accessed April 24, 2012).

장기를 파는 사람
장기를 사는 사람

■

극빈자들은 순전히 돈을 벌기 위해 장기를 팔기 때문에 그들에게 다른 선택의 여지가 있다고 보기는 힘들다. 빚을 지고 있거나, 아이들이 굶주리고 있거나, 채권자에게 시달리거나 재산을 압류당하는 등의 특수 환경이 그들로 하여금 신체 장기를 파는 것 외에 다른 선택을 할 수 없도록 강요한다. 이 사회는 그들이 다른 선택을 할 수 있도록 만들 수는 없는 걸까?

장기를 파는 사람
장기를 사는 사람

아서 L. 카플란

이식할 장기를 얻기 위해 살아 있는 사람을 강요하거나 억압하는 행위를 사람들은 오랫동안 비난해왔다.[1,2] 국제사회는 이러한 행위가 비윤리적이라는 것을 알아야 한다. 왜냐하면 살아 있는 사람의 몸에서 장기를 적출할 때는 반드시 본인의 동의를 얻어야만 윤리적으로 타당하기 때문이다.

그런데 왜 이렇게 비윤리적인 행위가 계속되는가? 왜 세계 곳곳에서 그토록 많은 사람들이 신장을 밀매하는가? 답은 간단하다. 신장을 구하는 사람은 아주 많고, 돈을 벌기 위해 신장을 팔아야 하는 가난한 사람들이 있기 때문이다.

미국을 비롯하여 전 세계적으로 신장 공급은 상당히 부족한데, 그 수요는 나날이 증가하고 있다. 왜냐하면 갈수록 많은 사람들이 장기 이식 수술 훈련을 받고 있고, 이식 수술의 성공률이 크게 높아졌기 때문이다. 오래 살고 싶은 수많은 사람들이 이식을 필요로 하고, 이식의 조건을 갖추고 있다. 암, 정신질환, 기타 합병증 환자들과 같은 중환자들도 차츰 이식 수술을 받을 수 있게 되어가고 있다.

내가 처음 장기 이식 의료 분야에 발을 담갔을 때, 이식 수술을 받기 위한 필수조건은 다음과 같았다. 나이가 30~50세 사이일 것, 다른 질병이 없을 것, 반드시 가족의 지지가 있을 것, 반드시 직업을 가지고 있을 것 등이었다.[3] 미국 정부가 이렇게 조건을 달고 신장 이식 비용을 지급한 데에는 완쾌되어 다시 직장으로 돌아가야 이식 비용을 상환할 수 있을 것이라는 계산이 있었기 때문이다.

오늘날 이식은 독립된 장기뿐만 아니라 안면, 사지, 인후, 자궁 등 복합 조직까지 포함한다. 이런 류의 수술은 중국을 비롯하여 스페인, 사우디아라비아, 터키 등의 국가에서 진행되고 있다. 새로운 형식의 이식이든 신장이나 간과 같은 전통적 이식이든, 세계 각지에서 이식에 대한 수요는 갈수록 늘어나고 있다.

이처럼 이식 수술을 할 수 있는 경우가 갈수록 많아지고, 이식 수술을 받을 수 있는 적격자들도 나날이 늘어나고 있다. 지금 미국에서 신장 이식을 받는 환자의 평균 연령은 55세에 가깝다. 그들은 보통 다른 합병증이나 건강상 문제가 있어 직장에 복귀하는 것이 힘들다. 신장 이식 수술을 하는 의료 기관이 1970년대에는 수십 개에 불과했으나, 현재는 수백 개에 달한다. 그러니 장기에 대한 수요가 왜 폭발적으로 증가했으며, 계속 늘고 있는지 쉽게 이해할 수 있다.

한편 사체로부터 장기를 획득하는 데 다른 요소도 영향을 끼친다.

만일 자동차를 좀 더 안전하게 만들고, 안전벨트 착용과 에어백 설치를 강제하고, 음주 운전을 엄하게 처벌한다면, 즉 이와 같은 공공 안전 조치로 많은 생명을 구할 수 있을 것이다. 그러면 사체 장기 기증도 확실히 감소할 것이다.[3]

지난 수십 년 동안 이식의 안정성과 성과가 높아졌고, 이식을 원하는 사람이 훨씬 늘었으며 이식할 수 있는 부위도 더욱 늘었다. 그러나 교통사고 등으로 인한 사망은 줄어들었기 때문에 신장 등 장기 공급은 어려워졌다. 그렇기 때문에 많은 나라들이 생체 장기 기증으로 방향을 전환하여 신장, 더욱 수요가 달리는 간장을 확보하려고 시도하고 있다.

생체 장기의 이식에 대해서는 오래전부터 국제적으로 지지를 받고 있는 윤리 기준이 마련되어 있다. 장기 이식의 발전 초기였던 1960년대에 이미 돈을 주고 사람의 장기를 사거나, 동의 없이 사체 장기를 적출하는 등 장기 획득에 관한 여러 구상들이 나왔다.[3] 이러한 구상들은 모두 받아들여지지 않았다. 가장 많은 지지를 얻은 결론은 장기를 팔고 사는 행위가 이익을 위해서건 다른 이의 생명을 구하기 위해서건, 이타적 기증을 통해 신체에 어떤 일이 발생할지를 결정하는 권한은 기증자 본인에게 있다는 것이다. 심지어 기증자가 죽은 뒤라도 말이다.

이타적 기증을 존중한다는 것은 문화와 종교, 개인적이고 도덕적인 가치를 존중한다는 측면 이외에 신체가 상품화될 수 없다는 관점을 존중하는 것이다. 그리고 사람은 단지 살아가기 위한 방편으로 장기를 팔지 않을 존엄성이 있음을 존중하는 것이다.

장기 판매는 장기 밀매와 착취, 혹은 두 가지를 겸비하고 있다. 어떤 사람들은 극빈자, 수감자, 기타 약자 들에게 자기 장기를 팔 수 있는 선택권이 있다고 변호하지만,[4,5,6,7] 나는 그 '선택'의 본질에 대해서 회의를 품고 있다. 사회적·경제적으로 가장 밑바닥에 있는 사람은 사실상 거의 선택권이 없다. 선택은 협박에 의하지 않았다는 것만이 아니고, 다른 선택을 할 수 있는 여지가 있어야 가능한 것이다.

만일 당신이 사막에 벌거숭이인 채로 버려졌다고 해보자. 당신의 몸과 수많은 모래 외에 아무것도 없다면, 당신에게 원하는 것을 할 수 있는 자유가 있다고 말할 수 있겠는가? 있다면 무엇을 할 수 있는가? 없다. 그런 상황에서 당신에게는 아무런 자유도 없다. 다른 선택의 여지가 없으므로 진정으로 선택이라는 것을 할 수 있는 상태가 아닌 것이다.

극빈자나 수감자의 신체 일부를 팔 수 있게 할 것인지를 둘러싸고 논쟁이 벌어질 때 항상 이 점이 소홀히 다루어지고 있다. 선택할 수 있는 여지가 적을수록 신장을 팔고, 아이를 팔고, 성매매를 하는 등의 결정을 내리는 것은 선택이 아닌 강제이다.

극빈자들은 순전히 돈을 벌기 위해 장기를 팔기 때문에 그들에게 다른 선택의 여지가 있다고 보기는 힘들다. 빚을 지고 있거나, 아이들이 굶주리고 있거나, 채권자에게 시달리거나 재산을 압류당하는 등의 특수 환경이 그들로 하여금 신체 장기를 파는 것 외에 다른 선택을 할 수 없도록 강요한다.[8] 이 사회는 그들이 다른 선택을 할 수 있도록 만들 수는 없는 걸까? 이 사회는 장기 판매를 통제하거나 근절할 능력이 없을 뿐 아니라, 잔혹하게도 수감자나 최약자에게 비인도적 선택을 하게끔 하고 있다. 이것은 자의에 의한 선택이 아니라 야만에 의한 착

어떤 사람들은 극빈자, 수감자, 기타 약자 들에게 자기 장기를 팔 수 있는 선택권이 있다고 변호하지만, 나는 그 '선택'의 본질에 대해서 회의를 품고 있다. 사회적·경제적으로 가장 밑바닥에 있는 사람은 사실상 거의 선택권이 없다.

취이다.

장기를 획득하려고 다른 사람의 사체를 훼손할지도 모른다는 불신을 없애려면 선택권이 보장되었는지를 명확히 가릴 수 있어야 한다. 선택은 당신이 하는 것이다. 다른 사람이 당신을 위하여 선택하는 것이 아니다. 반드시 당신 스스로 장기 제공 여부를 결정하여야 한다. 어느 누구도 당신을 대신하여 결정할 수는 없다.

이타적이고 자발적인 기증이라는 선택이 장기 취득에 관한 도덕적 핵심이 되지 않는다면, 가난하고 유명하지 않으며 인기도 없는 한 개인이 일단 병원에 들어가면 적극적인 치료를 받지 못할 것이라고 우려를 할 만하다. 어쩌면 그들은 돈이 많고 명성이나 지위가 높은 사람을 위한 장기 공급체로 여겨질지도 모른다.[9] 따라서 선택권이 관건이다. 이는 인간의 존엄성에 기초하고 있을 뿐만 아니라 야만적인 장기 약탈을 막기 위한 것이다.

여기서 지적하고 싶은 것은 현재의 신장 불법 거래가 살아 있는 사람의 자의적 선택 아래 진행되고 있다는 점이다. 세계 각지에서 일어나고 있는 장기 거래는 가장 가난한 사람들 집단에서 이루어지고 있다.

어린이와 여자를 성매매나 노예로 팔아넘기는 많은 범죄자들이 불법 장기 거래에도 관여하고 있다. 이러한 불법 거래를 완전히 소탕하기는 매우 어렵다. 범죄 집단들이 재빠르게 움직이는 데다가, 불법 거래가 주로 경찰이나 정부가 아주 무능하거나 부패한 나라들에서 이루어지기 때문이다.[10]

강제적인 장기 불법 거래를 없애려면 모든 장기이식센터들이 제공자의 자발적 동의하에 장기를 획득한 것인지, 그 장기가 어디에서 왔는지를 알고 있어야 한다. 장기 출처를 확인하는 일은 장기이식센터가 최종 책임을 져야 한다. 그들은 반드시 제공자가 자발적으로 동의했는지를 확인하여야 한다. 그들은 장기의 출처에는 관심이 없다고 말해서는 안 된다. 장기 불법 거래를 끝내려면 이식 의료계는 장기의 출처를 명백히 알고, 기증자가 장기 제공에 자발적으로 동의했는지 알 수 없다면 어떠한 장기도 사용할 수 없다는 것을 분명히 해두어야 한다. 이 원칙은 살아 있는 기증자는 물론 죽은 기증자에 대해서도 적용되어야 한다. 이식 의료계는 모든 장기의 출처를 확인하고 확실히 할 책임이 있다.[1]

그러면 사형에 처해진 수감자들의 신장이나 기타 장기를 이식하는 행위에 대하여 우리는 어떻게 대처해야 할 것인가? 중국은 이런 행위가 가장 널리 퍼져 있는 국가이다. 이는 자발적이고 이타적인 자유 선택을 철저히 무시한 행위이다.

중국은 자발적 사체 장기 이용 시스템을 전혀 갖추고 있지 않지만, 장기 이식 수요는 엄청나다. 통계에 따르면 중국에서 이식으로 수익을 얻는 사람이 100만 명에 달한다고 한다. 그 외에도 중국에서는 이식을 위한 여행업이 성행하고 있다. 인터넷 여기저기에서 "오십시오, 돈만 많이 내면 몇 주 안에 간 이식을 받을 수 있습니다"라는 중국 병원의 광고를 볼 수 있다.

중국 정부는 지난 10년 동안 간 이식 수술이 2만 건 이상 행해졌다고 말한다. 그리고 그 가운데 1,475개의 간장이 산 사람의 몸에서 나왔다고 말한다. 중국 정부는 자기네가 사체 장기 수집 시스템을 갖추고 있지 않음을 인정한다. 그러면 그들은 도대체 어디에서 장기를 획

득한 것일까? 사형수의 몸에서 얻었다고 하는데, 그것이 유일하게 가능한 출처이기도 하다.[11]

중국에서 죄수는 동의권이라고 할 만한 것을 가지고 있지 않다. 사형 집행 시간이 장기 이식 여행자를 포함하여 장기 수여자의 편의에 따라 결정된다. 만일 당신이 중국에 가서 3주를 기다렸다가 수술을 받는다면, 그것은 어떤 사람이 당신을 위해서 시간에 맞추어 처형됨을 뜻한다. 그들은 장기 이식 여행자가 여행을 떠나기 전에 그와 혈액형과 조직이 맞고 간장의 크기도 적합한 건강한 수감자를 찾아서 이식에 필요한 모든 준비를 할 것이다. 어떤 사람이 여행자를 위한 이식 적합 판정을 마치고 우연히 죽거나 정해진 일정대로 처형되는 수는 없다. 감옥 측은 반드시 잠재적 기증자를 찾고 건강 상태, 혈액과 조직 검사를 마친 뒤 장기 이식 여행자가 중국에 머무는 기간 내에 그를 살해해야만 한다.[12,13] 이것은 사실상 수요에 따라 살인을 하는 것이다. 이러한 시스템하에서 동의나 이타심이 어떠한 역할을 할 것이라고 기대할 수는 없을 것이다.

요구에 맞추어 장기를 적출할 때는 속도가 매우 중요하다. 일단 심장이 멎으면 혈액순환이 중단되고 장기는 급격히 허약해진다. 죄수는 사전에 혈액과 조직 검사를 받고, 총탄이 머리에 박힌 후 현장에 대기하고 있던 특수 응급차에 실려 장기를 적출당한다.

이런 일이 가능한 것은 군대가 이 모든 것을 처리하기 때문이다. 중국에서는 많은 감옥을 군인이 통제하며, 많은 생체 장기 적출에 군의관이 참여한다. 군대가 감옥 체계를 장악하고 있고 의학 전문가를 데려와 이런 일을 맡기므로, 미국의 일부 주와 같이 사형 제도가 있는 국

가에서도 할 수 없는 장기 획득을 중국에서는 하는 것이다.[13·14]

최근 중국 위생부 부부장은 중국이 사형수를 이식 장기의 주요 출처로 삼고 있다고 말했다. 그는 현재 북미, 유럽, 싱가포르, 남미 등 다른 국가들이 갖추고 있는 사체 장기 수집 시스템을 마련하기 위해 계획을 세우고 있다고 밝혔다. 그는 또 장기의 부족이 중국 장기 이식 발전의 발목을 잡고 있고, 중국인들이 자발적으로 사체를 기증하지 않기 때문에 사형수가 이식 장기의 주요 공급원이 되었다고 말했다. 그리고 사형수에 의존하는 정책이 향후 3~5년 사이에 바뀔 것이라고 하였다.[15·16]

사형수를 이식 장기의 공급원으로 삼는 중국의 현행 시스템은 당연히 바뀌어야 한다. 그것도 앞으로 3년 내지 5년이 아니라 3초 내지 5초라야 마땅하지 않겠는가?

무슨 이유로 중국이 수요에 따라 죄수를 처형하는 행위를 5년이나 더 참아야 하는가? 이러한 행위는 도덕에 반하고 인권을 침해할 뿐 아니라 장기 이식 의료계의 국제 규범에도 위배된다.

중국에서는 여러 이유로 감옥에 갇힌다. 어떤 사람은 정치적인 이유로 감금된다. 파룬궁과 같이 정신적 신념 때문에 감금되는 경우도 있고, 티베트인이거나 중국으로부터 독립을 원하는 소수 민족이기 때문에 감금되기도 한다. 사형에 처해지는 죄명도 많을뿐더러, 자기를 변호할 수 있는 방법은 별로 없다. 따라서 사형수를 이식 장기 공급원으로 삼는 데 반대할 때[17] 결코 잊지 말아야 할 것은 죽임을 당하는 사람들 중에는 정치적 견해 또는 정신적 신념이 다른 사람이 있을 수 있고, 가벼운 죄를 범한 사람이 포함될 수도 있다는 점이다. 장기 획득을 위해 누군가를 사형하는 것은 비윤리적이다. 특히 정치적·정신적 신념이 다르다는 이유로, 또는 경범죄로 사형당할 때는 더욱 그렇다.

그런데 윤리적으로 있을 수 없는 중국의 상황에 대해서 인권 단체, 정부, 비정부기구, 학술지 편집인, 종교 단체, 수감자의 권리 보호를 외치는 단체 및 모든 생체 임상 의학계가 중국을 비난하는 목소리는 매우 미약하다. 그것이 이 시대의 비극이다. 기증자의 동의 없이 무시무시한 방식으로 살인을 하여 장기를 적출하는 행위가 벌어지고 있다. 그리고 그중 일부는 감옥에 있어서는 안 될 사람인데도 이와 같은 일을 당하고 있다. 이것이 바로 현재 의학계에 벌어지고 있는 최고의 악행이다. 그러나 의학 잡지는 여전히 중국에서의 장기 이식 경험을 다룬 논문을 싣고 있으며, 중국에서 온 사람들은 여러 대회나 회의에 참석해 장기 이식 경험과 성과를 교류하고 있다. 또 국제적인 제약회사들은 중국에 많은 지원을 하며 장기 이식 기술을 향상하기 위한 약물과 기타 연구를 진행하고 있다.

많은 이유에서 우리는 중국이 국제기구에 가입하여 교류하기를 바란다. 어쩌면 이러한 바람 때문에 사람들이 불법으로 장기를 적출하는 중국의 만행을 비난하기를 꺼릴 수도 있을 것이다. 그러나 중국이 국제사회에 가입하려면 그 전에 반드시 전제 조건에 따라야 한다. 즉, 장기 획득을 위한 살인은 부도덕하다는 우리의 핵심적 가치까지 희생하면서 중국의 가입을 허용할 수는 없다는 것이다. 국제사회는 불법 장기 획득에 반대한다는 입장을 좀 더 강경하게 펼쳐야 한다. 최소한 사형수의 장기를 사용한 이식을 다룬 중국에서 나오는 모든 논문 및 강연을 보이콧하는 것이 언론과 회의 조직들의 표준 관행이 되어야

할 것이다.[18]

장기 판매인을 통해 산 사람의 생체 장기를 사거나, 사형수의 사체에서 장기를 취득하는 행위는 모두 부도덕한 일이다. 장기 판매는 불법 거래와 착취로 변질되기 쉽다. 장기 수요에 맞추어 수감자를 처형하는 것은 그 자체로 윤리에 위배된다. 이 모든 것이 이식 의료 영역에서 발을 붙일 여지가 없도록 하여야 한다.

주

1 Caplan, A.L. and C. Prior, "Trafficking in Organs, Tissues and Cells," and "Trafficking in Human Beings for the Purpose of the Removal of Organs," Joint Council of Europe/United Nations Study, 2009.

2 "The Declaration of Istanbul on Organ Trafficking and Transplant Tourism and Commercialism," *The Lancet* 9632 (2008): 372-3.

3 Caplan, A.L. and D.H. Coehlo, *The Ethics of Organ Transplants* (New York: Prometheus, 1998).

4 Cherry, M.J., *Kidney for Sale by Owner: Human Organs, Transplantation and the Market* (Washington, D.C.: Georgetown University Press, 2005).

5 Cherry, M.J, "Medical Innovation, Collapsing Goods, and the Moral Centrality of the Free-market," *The Journal of Value Inquiry* 40(2-3) (2006): 209-226.

6 Cherry, M.J., "Embracing the Commodification of Humans Organs: Transplantation and the Freedom to Sell Body Parts," *Saint Louis University Journal of Health Law & Policy* 2 (2009): 359-377.

7 Satel S., "The Case for Paying Organ Donors," *Wall Street Journal,* 2009 http://online.wsj.com/article/SB10001424052748704322004574477840120222788.html.

8 Scheper-Hughes, N., "Rotten Trade, Millenial Capitalism, Human Values and Global Justice in Organs Trafficking," *Journal of Human Rights* 2 (2003): 198-203.

9 DeVita, M., & A. L. Caplan, "Caring for Organs or for Patients? Ethical Concerns about the Uniform Anatomical Gift Act," *Annals of Internal Medicine* 147 (2009): 876-879.

10 Budiani-Saberi, D.A. Delmonico F.L., "Organ Trafficking and Transplant Tourism: A Commentary on the Global Realities," *American Journal Transplantation* 8 (2008): 925-8.

11 https://www.dafoh.org/.

12 Matas D. and D. Kilgour, *Bloody Harvest: the killing of Falun Gong for their organs* (Seraphim Editions: 2009).

13   Malone A., "China's hi-tech 'death van' where criminals are executed and then their organs are sold on black market," Mail Online web site, http://www.dailymail.co.uk/news/article-1165416/Chinas-hi-tech-death-van-criminals-executed-organs-sold-black-market.html.

14   Gutmann E., "The Xinjiang Procedure," *Weekly Standard* (December 5, 2011) http://www.weeklystandard.com/author/ethan-gutmann.

15   China says will end organ harvesting of prison inmates http://english.ntdtv.com/ntdtv_en/news_china/2012-03-23/china-says-will-end-organ-harvesting-of-prison-inmates.html.

16   石炳毅, 陳立平 : "Regulation of organ transplantaion in China: difficult exploration and slow advance," *JAMA.* 306, 4 (2011): 434-435.

17   Wang M. and X. Wang. "Organ donation by capital prisoners in China," *J Med Philos.* 35, 2 (2010): 197-212.

18   Caplan A.L, H.A. Rockman and L.A. Turka, "Editorial position on publishing articles on human organ transplantation," *J Clin Invest.* 122, 1 (2012): 2-2.

장기이식
여행자

한쪽에서는 장기 수급의 불균형이 있고, 다른 한쪽에서는 평생 신장 투석을 해야만 하는 운명을 받아들이지 못하는 환자들이 필사적으로 신장 이식을 바라고 있다. 이러한 토양에서 부도덕한 장기 판매 집단이 교묘하게 갈취를 시작한다.

장기 이식 여행자

가자리 아마드

말레이시아에서의 첫 신장 이식 사례는 1975년 어느 형제간의 생체 신장 이식이었다. 그리고 1년 뒤에는 죽은 사람의 신장을 이식하는 데 성공하였다. 장기간 신장 투석의 고통을 겪어 온 환자들은 신장 이식 수술의 성공 확률이 높아지는 것을 보면서, 신장 이식을 통하여 건강을 회복하기를 갈망하게 되었다. 그러나 말레이시아에서는 기증되는 신장의 수가 적어 많은 환자들이 오랫동안 대기할 수밖에 없다. 그래서 일부 환자들은 절망에 빠져 있다가 결국 외국에 나가 신장을 구했다. 결과가 수단을 정당화하는 방식이 여기에도 적용된 것이다.

갈수록 늘어나는 장기 수요와 한정된 공급 사이의 심각한 불균형은 부도덕한 개인 혹은 집단이 비밀스러운 음모를 펼치는 데에 비옥

"

한 토양을 제공했다. 환자들은 절망 속에서 간절히 신장 이식을 바라게 마련인데, 그들은 환자들의 불행을 틈타 큰돈을 벌어들인다. 이들의 행위는 언뜻 보기에는 장기 부족을 효과적이고 신속하게 해결해주는 것 같기도 하다. 한쪽에서는 장기 수급의 불균형이 일어나고, 다른 한쪽에서는 평생 신장 투석을 해야만 하는 운명을 받아들이지 못하는 환자들이 필사적으로 신장 이식을 바라고 있다. 이러한 토양에서 부도덕한 장기 판매 집단이 교묘하게 갈취를 시작한다.

인도와의 연계

1980년대 말에서 1990년대 초 사이 많은 말레이시아 사람들이 인도 각지에 가서 신장 이식 수술을 받았다. 특히 타밀라두Tamiladu 남부의 궁핍한 도시인 첸나이Chennai(마드라스Madras의 현재 이름)로 많은 이들이 갔다.

장기 판매 집단은 환자들에게 생체 장기 이식을 받게끔 하였는데, 장기 제공자들은 매우 가난한 사람들이었다. 그들은 인간으로서 기본적인 생활조차 누리지 못할 정도로 궁핍한 사람들이었다. 모든 과정이 비밀리에 진행되기 때문에 환자 대부분은 그들에게 신장을 제공한 사람을 만나볼 수가 없었다.

그런데 신장을 이식받은 한 사람이 귀국하기 전 수술 기록에서 장기를 제공한 사람의 주소를 찾아내어 그 사람이 사는 곳을 힘들게 찾아간 일이 있었다. 가슴 아프게도 신장을 제공한 젊은이는 수술 합병

장기 제공자들은 매우 가난한 사람들이었다. 인도에서 신장을 이식받은 한 사람이 귀국하기 전 수술 기록에서 장기를 제공한 사람의 주소를 찾아내어 그 사람이 사는 곳을 힘들게 찾아간 일이 있었다. 가슴 아프게도 신장을 제공한 젊은이는 수술 합병증으로 이미 세상을 뜬 뒤였다.

중으로 이미 세상을 뜬 뒤였다. 그 젊은이가 자신에게 꼭 필요했던 이식을 가능케한 장기 판매 집단의 희생물이 되었다는 사실을 알고 나서 그는 오랫동안 죄책감을 떨쳐버릴 수가 없었다.

이식 수술을 받은 사람은 대부분 간단한 의료 보고서를 받아 말레이시아에 돌아왔다. 거기에는 수술 순서, 처방 약의 목록, 이식된 장부가 만족할 만한 상태에 이르렀다는 검사 수치, 회복 정도를 적은 서류들이 포함되어 있다. 이들 서류에는 의사들의 서명이 있어 마치 임상 절차나 수속이 모두 투명하고 전문적이며, 윤리 문제를 일으킬 어떤 요소도 없는 것처럼 보인다.

많은 환자들이 신장 이식 수술을 받은 후 만족해하나, 일부 환자들은 심한 감염과 동종이식 거부반응 등 심각한 합병증에 시달리며 병원에서 계속해서 부가적인 진단과 치료를 받았다. 심각한 수술 합병증에는 이식 후 간염, 에이즈 감염 등이 있다. 그 밖에도 많은 환자들이 고생해서 번 큰돈을 장기 판매 집단에게 지불하고, 값비싼 면역 억제제를 사는 데 쓰느라 경제적으로 심각한 어려움에 처했다.

1993년 인도 정부가 외국인에게 장기 이식을 금지하는 법을 만든 뒤, 이와 같은 일은 점차 줄어들었다. 법의 제재는 단기간 동안 장기 판매 집단의 활동을 억제하는 데 효과가 있었다.

마드라스에서 광저우로

인도에서 장기 판매가 금지되자, 장기 판매 집단

은 다른 길을 모색하였다. 그리고 결국 중국의 몇몇 도시를 중심으로 더욱 큰 불법 인체 장기 판매 집단을 형성하였다.

말레이시아 신장학회는 1993년부터 매년 '말레이시아 투석 및 이식 기록'의 데이터를 가지고 중국의 신장 제공자 측이 장기 판매 집단에게서 받은 금전 내역을 밝혀왔다. 장기 판매 집단은 말레이시아의 신장 투석 병원에서 투석하고 있는 환자나 병원에서 치료를 기다리는 환자들에게 은밀하게 접근한다.

전형적인 케이스는 신장 투석 병원에서 정기적으로 투석 치료를 받던 환자가 갑자기 사라져 예정된 치료를 받으러 오지 않는 경우이다. 병원의 간호사가 전화 등을 통하여 확인해보면 그 환자는 잠시 휴가를 보내러 외국에 나가 있다고 한다. 그리고 몇 주 후에 그 환자는 신장 이식을 받았음을 입증하는 중국의 의료 보고서를 가지고 마스크를 쓴 채 병원에 나타나는 것이다(뒤에 첨부한 의료 보고서 사본 참조).

다음은 중국의 난닝(南寧), 광저우(廣州), 푸저우(福州), 쿤밍(昆明) 등의 장기이식센터에서 처형된 죄수들에게서 적출한 신장을 외국인에게 이식한 수술의 의료 보고서 일부이다.

Department Of Organ Transplantation Rui Kang Hospital
Guangxi Traditional Chinese   Medical University
ADRESS:HUADONG ROAD NANING CITY 530011 P.R.CHINA
FAX:+86-0771-2188219   TEL.:+86-0771-2188219

June 6,   2006

To whom it may concern

Information on Mr █████████████

Dear Doctor

███████████ male, 58years old ,was hospitalized on March 25, 2006 with the diagnosis of Chronic Renal Failure, Uremic stage.

After hospitalization, he underwent the operation of   the kidney replacement. The serum creatinine dropped steadily after his operation .He recovered better than ever and could go back home. The last diagnosis was as follows:

1.Chronic Renal Failure, Uremic stage

2.Hypertension

3.Type 2 DM on insulin

The immune inhibitor scheme   and   other medicines were as follows:

Cyclosporine	200mg 8Am	200mg 8Pm
Celleept	0.5	Q8h
Prednisone	30mg	Qd
Aciclovir	0.2	Tid
Adalat	20mg	Q12h
Diltiazem	30mg	Q12h
Metoprolol	12.5mg	Q12h
Furosemide	40mg	Bid
Cefuroxime Axeril	0.25	Bid
Famotidine	20mg	Bid
Heptodin	0.1	Qd
Novolin R	8u H Am 14u H Noon 22u H Pm 30min before the meals	
Novolin N	4u H 11pm	

Current laboratory results were shown below:

2006-6-5   Cyclosporine   blood   levels 286.5ng/ml

2006-6-5   Bun7.4mmol/l, Cr106umol/l,UA392umol/l

2006-6-5 WBC9.48×10⁹ /L   N71%   L18.8%   M9.3%

PLT 243×10⁹   /L   HGB 87g/L

Renal Physician 

广 州 医 学 院 第 二 附 属 医 院

The Organ Transplantation Center of the Second Affiliated Hospital of Guangzhou Medical College

Add: 250 Changgang Dong Road, Guangzhou city, China.　Postcode: 510260
Tel: (020) 34152559 (Office)　Fax: (020) 34152892

<u>MEDICAL REPORT FOR :</u> ███████████

Date of Admission: 2005 – 12-06
Date of Discharge: 2006 – 02-07
Diagnosis on Admission: Chronic Renal Failure due to Hypertension Nephropathy

<u>INTRODUCTION</u> :

Complete body check of heart, lung, liver, upper digestive tract, kidneys, eyes, ear, nose, throat did not indicate restriction for kidney transplantation surgery.

PRA and HLA data obtained in hospital lab .The donor's HLA was a good match to her's. Good match donor organ was identified on 2006-01-19and transplantation operation was performed the same day under general anesthesia.　Prior to surgery, Zenapax 50mg; iv drip, ATG 100mg iv drip and MMF 1000mg (MMF 500mg Bid after the operation). Very little bleeding during operation, no transfusion was required. 20% Albumum 50ml x 2, and MP500mg were used.

After operation, the patient stayed in the transplantation ward. Catheter was removed on the forth day while the drainage tube in incision was removed on the thirth day. Ureter stent has been eliminated from natural urination on the fifth day. The incision got infection at the tenth day because of the fatty. We cleaned and sutured the wound again. Then she had a good recovery.

<u>MEDICATION</u> :

Immunosuppressant: FK506+MMF+Pred. Initial Dosage for FK506 was 0.07mg/kg; MP was 500mg for the first day and 250mg was used to the thirth day, ATG was 100mg for the first two days and 50mg for the third till the fifth day. After MP, Prednisone 30mg was used a day,　subsequently reduced to 20mg/d after two weeks.

福建省第二人民醫院腎移植中心

Renal Transplantation Center. Second People's Hospital of Fujan Province,
No. 13 hudongzhi Road, Fuzhou 350003   P.R.CHNA
Tel: +86 591 87878276   Fax: +86 591 87855604

TO WHOM IT MAY CONCERN

NAME : ████████████████████ SEX: male   AGE : 17
HOSPITALIZATION TIME: 2005/12/07   to   2006/01/23
DIAGNOSIS: reflux nephropathy and Uremia
OPERATION AND DATE : cadaveric renal transplantation (2006/01/11)
HISTOCOMPATIBLITY TESTS : Blood type O-O
                                         PRA (-)
                                         Lymphotoxity test 4%
                                         HLA: 3MM

OPERATION METHOD :

 The artery of the graft was anastomosed to extra iliac artery of the recipient by end-side, and the vena was an end-side anastomosis to extra iliac vena too .The ureter anastomosed with the right top of bladder through under-muscural tunnel of bladder. The graft was located to right iliac fossa in extra-peritoneum.

POSTOPERATIVE COURSE:

 The urine output of first postoperative 24 hours is 9700 ml. In the postoperative 7 days SCr is 102 umol/L.   SCr is 110umol/L in the postoperative 12 day. Then there is no rejection within the postoperative 12 days. He is discharged in the postoperative 13 day.

IMMUNOSUPPRESSIVE THERAPY:

   Postoperative   0 day: MP 1.0 VD, Simulect 20mg IV
                        1-2 day: MP 0.5 VD
                         4day: Simulect 20mg IV
                        3-10day :prednisone 20mg, Gengraf 125mg BID, MMF 0.75 BID
                        11- day :prednisone 20mg, Gengraf 150mg BID, MMF 0.75 BID

LABORATORY TESTS: HB 11.6g/dl,   WBC 6000,   PLT 302,   ALT 8,
     (2006/1/20)   TBIL 6.1umol/L, Cr 96 umol/L, BUN   6.0mmol/L,
                         Blood glucose 4.8 mmol/L

CsA   LEVEL : postoperative 7day154.78ng/ml (C0) and 933.81ng/ml(C2)
                  postoperative 12day 113.20ng/ml (C0) and 772.04ng/ml(C2)

MEDICINE: Gengraf 150mg BID, MMF 0.75 BID
                Prednisone 20mg QD, Norvase 5mg QD

Professor ████████████████
2006/1/23

Date: July 23, 2006.
To whom it may concern,
Consultant Nephrologist,
Hospital, Malaysia.

Dear Doctor:

Re: 

Passport No:

Mr. had consulted me recently for a review. He is on anti-rejection treatment and following up at your hospita

According to the results he present to me, it shows: ①the new kidney function is stabilization,Scr:89μmol/l.② the blood glucose is in the reference range.③the cyclosporin level(C_0 19/07/2006) was 232ng/ml.

He had been advised to continue on his anti-rejection treatment, monitoring the kidney and liver function; the cyclosporin level and blood glucose.

Thank you for your cooperation.

Thank you.

Yours Sincerely, 

PROF.DR.

Nephrologist Consultant

Examination:(2005-8-3)

WBC: 13.3*10E9/L   HB: 122g/L

HCT: 36.9%   PLT: 384*10E9/L

K+:   4.13   mmol/L   Na+:140 mmol/L

Cre:103   umol/L

(2004-8-3-CsA-TL):

C0:334ng/ml   C2:1310 ng/ml

Suggestion:

1, come back to native hospital to continue his treatment.

2, checking up the rejection medicine level and adjusting the dose of rejection drugs on time.

KUNMING   KIDNEY   HOSPITAL

DOCTOR ████████

2005/8/6

MEDICAL RECORDER

Name [redacted]   Sex:maLe   Age: 53y

Blood   group: B

Disease diagnosis: end-stage-renal-failure

The patient was admitted to our center on June 26th 2005,. and accepted kidney transplantation on July 19th 2005, with graft renal artery end-to-side anastomosed to extensive iliac artery, the graft vein end-to-side anastomsed to extensive iliac vein, The graft ureter anastomosed to bladder. and the CyciosporineA, Cellcept, prednisone have been used to prevent rejection. After operation the volume of urine increase to about 15000ml/d. now the graft renal function recovered well, the creatinine decreased to 103umol/l. And now . the patient's condition has been getting better and been discharged from our center.

Immunosuppressive:

CsA	160mg	8AM/8PM
Cellcept:	1g	8AM/8PM
Pred:	20mg	qd
Famotidine	20mg	Bid
Acyclovir	0.2g	tid

2008년 이전까지 중국에서 이식 수술에 이용된 신장은 대부분 사형수의 몸에서 적출한 것으로, 신장 이식을 받는 환자들 역시 사형수가 '기증'한 것이라는 사실을 사전에 고지받았다. 환자들은 통상 며칠에서 몇 주를 기다려 자기에게 적합한 신장을 찾은 뒤 이식 수술을 받는다. 수술이 끝나면 2~4주 정도 입원해 수술 경과를 지켜본 뒤 온갖 외과 수술용 유도관, 수혈관 및 요도관을 제거한다. 그리고 퇴원해 자기 나라로 돌아가 계속 치료를 받는다.

말레이시아의 만성 신장병 환자들 가운데 상당수가 중국에서 성공적으로 신장 이식 수술을 받는다. 그러나 중국에서, 혹은 귀국한 뒤 후유증으로 심하게 고생하거나 심지어 목숨을 잃는 사례도 많다.

운이 좋은 사람들은 수술이 잘되어 결과가 만족스러우며, 회복도 순조로워 건강을 되찾고 삶의 질을 개선하게 된다. 그러나 운이 없는 사람들은 다양한 수술 후유증과 사회경제적 곤경을 겪는다. 수술 후유증으로는 급성 거부반응, 스테로이드 배척반응이 나타나 비용이 많이 드는 2차적 항거부반응 치료(5~7일간의 ATG 혹은 티모글로불린 투여)와 치명적 폐렴과 폐혈증을 포함한 전신성 세균감염 치료를 받아야 하는 경우가 있다. 또 호흡 보조장치와 중증 감호가 필요한 경우도 있고, B형간염이나 C형간염에 걸리는 경우도 많다.

신장 이식 수술을 받은 뒤 귀국하여 이와 같은 심각한 후유증이 나타나더라도 다시 중국 장기이식센터에 갈 비용이 없어 할 수 없이 본국의 공립병원에서 치료를 받는 경우도 많다.

2008년 베이징 올림픽이 다가오자 국제사회는 중국 장기 이식에 대하여 현장 조사와 감독을 시작했고, 합법적이고 윤리에도 부합한다는 당국의 설명과 달리 전혀 그렇지 않다는 사실을 발견했다. 중국 정부는 베이징 올림픽 개최에 영향을 미칠까 두려워 전국의 불법 장기 판매망을 장악하는 한편, 그들의 범죄 행위를 은밀하게 보호하고 숨기는 데 힘을 기울였다.

당시 판매 조직은 이식받을 환자를 수술 전에는 장기이식센터에서 떨어진 장소에 머물게 하였다. 판매 조직은 위법 활동이 발각되지 않도록 수술이 끝나면 재빨리 환자를 다른 병원으로 옮기고(뒤의 사례3 참조), 그 병원에서도 환자를 신속히 집으로 돌려보냈다. 이렇게 함으로써 발각을 피하고 비용을 절약해 이윤을 극대화하였다.

이와 같이 비밀리에 수술을 진행하고 최대한 빨리 퇴원시킨 증거가 2006년에 처음 발견되었다. 그 환자는 이식 수술을 한 지 1주일도 지나지 않았을 때 아직 수술 부위에 요도관을 달고 있었을 뿐만 아니라 퇴원 전날 이미 무뇨증이 발생했는데도 퇴원을 종용받았다.

불행한 이 환자는 쿠알라룸푸르 공항에 도착하자마자 가까운 공립병원에 응급 치료를 받으러 가야 했다. 응급실에서도 곤란한 상황이 벌어졌는데, 중국 장기이식센터로부터 관례에 따른 의뢰서, 수술 유형 및 경과 기록, 검사 기록, 치료 기록, 수술 후 약물 투여 기록 등을 보내지 않았기 때문이다. 공립병원의 의사는 환자에게 긴급히 듀플렉스 초음파와 방광경 검사를 실시했고, 이식한 수뇨관 입구가 파열되었음을 발견했다. 그 환자는 급히 복원 수술을 받았다.

2006년 이후 말레이시아에서 중국으로 가서 이식 수술을 받는 사례가 많이 줄어들었다(표 1 참조). 그러나 불행한 것은 이 환자들의 경우 치료와 간호가 훨씬 복잡하고 힘들어졌다는 점이다. 그 주요한 원인은 2006년 이후 중국에서 수술을 받고 돌아온 환자들은 말레이시아 의사들이 후속 치료에 참고할 만한 어떠한 문서도 가져오지 않았기 때문이다. 그렇게 된 원인의 일부는 장기 판매 집단이 책임을 면하기 위하여 극도로 익명을 유지하고, 범죄 행위에 대한 어떠한 증거도 남기지 않으려고 했기 때문이다.

수술 자료의 부재, 즉 수술 전후의 결과, 임상 요약, 유도제의 유형과 양에 관한 설명, 이식으로 얻은 최고 혈청 반응 상태, 기타 여러 검사 결과들을 알 수 없으니 말레이시아 의사들은 환자에게 필요한 적절한 관리와 치료를 하는 데 어려움을 겪을 수밖에 없다. 환자들은 생명의 위험을 무릅쓰고 많은 돈을 지불하였다. 안전하고 더 나은 새로운 삶을 얻어야 함에도 후유증을 이미 얻었거나, 잠재적으로 후유증 발병에 노출된 것이다.

표 1_ 중국 및 인도에서 신장 이식 수술을 받은 말레이시아 환자 현황

연도 국가	2001	2002	2003	2004	2005	2006	2007	2008	2009	2010
중국	83	103	111	139	110	87	45	63	58	35
인도	8	12	4	11	7	7	3	3	1	1

출처: 18회 말레이시아 투석 및 이식 등록부(MDTR).

'말레이시아 투석 및 이식 등록부Malaysian Dialysis and Transplant Registry, MDTR'가 발표한 숫자는 중국이 2008년 베이징 올림픽 이후에도 여전히 상업적 장기 이식 활동을 계속하고 있음을 나타낼 뿐 아니라, 장기 판매 집단들이 작전을 바꿔 철저하게 정부의 눈을 피하고 있음을 보여준다.

더욱 중요한 것은 그들이 새로운 장기 공급원에 눈독을 들이고 있다는 사실이다. 투석 및 이식 등록부가 2011년에 발표한 자료에 따르면 2009년 이후 말레이시아에서 중국으로 가 신장 이식을 받은 환자들의 경우 사망자 기증보다 생체 기증이 크게 늘었음을 명백하게 보여준다(표 2 참조).

표 2_ 2004~2010년 말레이시아 환자에게 신장을 이식한 중국의 기증자 유형

연도 이식 유형	2004	2005	2006	2007	2008	2009	2010
상업적 사망 기증	145	107	85	45	60	33	8
상업적 생체 기증	6	9	8	4	2	20	20

출처: 18회 말레이시아 투석 및 이식 등록부(MDTR)

다음 세 건의 생생한 사례는 말레이시아 환자들이 불법 장기 거래 및 이식을 통해 직면하게 되는 위험을 보여주는 대표적인 사례들이다.

사례1 35세의 남성 CC는 고급 승용차 판매상인데 원인 모를 이유로 신장병 말기에 이르렀다. 그는 6개월간 신장 투석을 받은 뒤 2009년 중국에 가 상업적 무혈연 관계 신장 이식 수술을 받았다. 수술이 성공한 것같아 3주 후 쿠알라룸푸르로 돌아왔고 그때까지는 좋아 보였다. 해외 장기 이식 수술을 하는 데 총 미화 5만 달러가 들었다.

쿠알라룸푸르에서 제1차 검사를 했을 때 그의 신장과 간 기능의 화학 검사 결과는 정상이었다. 그러나 1개월 후에는 간 수치가 갑자기 10배 상승하였는데, 이는 급성 B형간염에 걸렸기 때문이었다. 당초 화학검사 시 음성이었던 B형 항원이 양성으로 전환된 것이다. 게다가 더욱 곤란한 것은 급성 B형간염 전염기라 임시로 면역 억제제를 바꾸었는데,

그 후 동종이식편 거부반응(同種移植片拒否反應)이 나타났다. 정맥주사 스테로이드 치료를 한 후 급성 거부반응은 다스릴 수 있었으나 불행하게도 B형간염은 2년이나 지속되어 계속 치료를 받아야 했고, 이로 인해 크나큰 고통과 불안에 시달려야 했다.

이식 후 B형간염에 감염되는 사례는 그리 많지 않으나, 중국에서 이식 수술을 한 뒤에 C형간염에 걸리는 환자는 적지 않다.

사례2 AD의 경우는 장기 이식과 같은 중대한 수술을 하기 전에 안전성과 수술 적합성이 전혀 고려되지 않았고, 충분한 의학적 조사와 준비가 뒷받침되지 않아 문제가 불거진 전형적인 사례이다.

당뇨 합병증으로 신장병이 생겨 말기에 이른 56세의 노신사 AD는 중국 남부에 가서 돈을 주고 무혈연 관계의 생체 신장을 이식받고 2주 뒤 말레이시아로 돌아왔다. 그는 그에게 이식하기 적합한 신장을 가진 젊은 중국 남자를 찾기 전에 이미 미화 6만 달러를 지불했다.

귀국 후 그에게는 가슴 통증이 반복해서 나타났고, 검사 결과 이식 수술 때문에 전에 없었던 관상동맥 질병이 생겨났음을 알게 되었다. 그는 반복성 가슴 통증, 이로 인한 심한 저혈압 및 신장 기능이 쇠퇴하는 증상을 겪었다. 또한 심장마비까지 와서 이식한 신장이 기능을 잃고 말았다. 이식한 신장의 기능이 완전히 쇠퇴하자 인공호흡기에 의지하여 신장 투석을 계속 받았으나 그 뒤로 더 많은 합병증이 따라왔다. 중환자실에 입원한 지 1주일이 지나도록 의식을 회복하지 못한 채 숨지고 말았다.

세 번째 사례는 수술 거래 조직의 은밀한 특성을 보여준다.

　55세의 남성 FA는 공립병원의 사무원이었는데, 4년 동안 신장 투석을 받다가 역시 신장병을 앓고 있던 친구와 함께 중국 남부로 이식 수술을 받으러 갔다. 그러나 그를 중국으로 데려간 사람은 사기꾼이었으며, 그 사기꾼은 각자 미화 3만 달러를 지불하면 곧바로 신장 이식 수술을 받을 수 있다고 장담하였다.

중국에 도착한 후 그는 허름한 여관에 머물며 개인 병원에서 신장 투석을 받았다. 1주일 뒤 적합한 생체 신장 공급자를 찾았다며 병원으로 옮길 준비를 하라는 말을 들었다. 그는 이식이 어둠 속에서 은밀히 진행되어 몹시 당혹스러웠다. 그러고 다음 날 이른 아침 그는 실제 신장 이식 수술을 받을 병원으로 갔다.

격리 병동에서 몇 시간을 기다렸더니 통역이 와서 외과의사에게 예기치 못한 급한 일이 생겨 수술을 부득이 취소해야만 했다고 알려주었다. 그는 황급히 소형차에 태워져 여관으로 돌아왔다. 통역은 그의 친구가 이미 1차 수술을 받았으나 실패했고, 별도의 추가 비용 없이 곧바로 2차 수술을 받았다고 전해주었다. 그는 상당히 의심스럽고, 사태가 매우 위태롭다는 생각이 들어 귀국하기로 결정했다. 귀국한 뒤로는 정부가 보조해주는 혈액 투석을 계속 받고 있다.

　해외 장기 이식은 복잡하고 민감하며 정서적인 문제를 안고 있다. 그리고 본질적으로 장기 기증률이 낮고, 동시에 세계보건기구WHO의 '인체 세포, 조직 및 장기 이식에 관한 지도 원칙Guiding Principles on Human Cell,

Tissue and Organ Transplantation' 및 '이스탄불 선언의 상업성 이식에 관한 규정'을 철저히 준수해야 함에 따라 말레이시아 위생국은 다음과 같은 방법을 채택하여 말레이시아 환자들이 해외에 나가 불법으로 장기 이식을 받는 것을 막고 있다.

① 국내의 자원을 강화하고 공중의식을 고취하여 전국의 장기 기증률을 높인다.
② 불법 장기 이식 수술을 받은 자에게는 국가가 무료로 제공하는 비싼 면역 억제제를 투약받을 수 없도록 한다.

말레이시아는 윤리 규범에 맞는 적절하고 합법적인 장기 이식 프로그램이 자국 내에서 뿌리 내리도록 힘쓸 것이다. 동시에 가능한 모든 방법을 동원하여 이에 위배되는 행위를 없애나갈 것이다.[1,2]

1　Laimy Boey. Nursing Sister, Renal Transplant Unit. Dept of Nephrology, Hospital Kuala Lumpur.
2　Malaysian Dialysis and Transplant Registry.

얼마나 많은
사람들이
장기를
적출당했는가

우리는 파룬궁 수련생들이 대규모로 감금된 2000년부터 장기 적출이 감소 국면에 들어선 2008년까지의 긴 기간 동안 파룬궁 수련생들의 장기 적출에 대해서 조사할 특별한 의무가 있다. 인류의 존속을 위해서라도 우리는 역사상 일어났던 대량 학살이나 종족 학살 등에 대해서 원인을 분석·평가하고 교훈을 얻어야 한다.

얼마나 많은 사람들이 장기를 적출당했는가

에단 구트만

이 글이 최종 편집에 들어간 시점에, 중국 위생부는 앞으로 5년 내에 사형수의 신체에서 장기를 적출하는 행위를 중지할 것이라고 선언했다. 이 소식을 접한 파룬궁 수련생들은 일종의 불안한 흥분감을 느꼈다.[1] 파룬궁 수련생들 가운데 특히 중국에 감금된 친척, 친구, 동료를 둔 수련생들은 이 결정이 양심수에도 적용되기를 간절히 바라고 있다.

그러나 위 선언은 정치나 종교 관련 수감자를 언급하지 않았으며, 중국 매체는 물론 서방 자유언론도 마찬가지이다. 누구나 어떤 선이 안전하게 건널 수 있는 것인지 안다. 정치나 종교 관련 양심수들은 안전한 선이 아니다. 금기는 여전히 존재하고, 적어도 지금은 양심수라는 단어에 넘어가지 않으려면 거듭 심사숙고하여야 한다.

이와 같이 정책이 변화한 것은 중국 정부가 살인범이나 강간범 등의 죽음을 영리 목적으로 이용해서는 안 된다고 인간적인 배려를 했기 때문이 아니다. 중국 공산당이 저지른 끔찍한 범죄가 전 세계에, 더욱이 중국 인민들에게 알려질 수도 있다는 우려에서 비롯한 것이다.

최근 사태의 진전은 중국 지도층의 권력 이양을 둘러싼 암투와 밀접히 연관되어 있어 흥미를 끌고 있다. 2011년 중국 위생부는 권위 있는 영국 의학 잡지 《란셋The Lancet》[2]에 '심장사 이후 장기 증여에 관한 중국의 시범 프로그램'이라는 글을 발표하였다. 이 글은 중국의 비윤리적인 장기 이식 환경에 대한 모호한 사과와 함께, 앞으로 개선해나갈 것을 약속하는 듯한 내용이 담겨 있다. 또 적출 장기의 수량에 대한 기초적인 숫자를 제시하고 있다.

이 숫자가 사실에 근거하지 않고 조작된 것임은 누구라도 명백히 알 수 있다. 이 숫자는 전체 이식 비율 중 죄수의 장기 적출이 이미 급격히 줄었음을 나타내고 있다. 예상한 대로 저자는 독립된 증거를 제시하고 있지 않지만, 읽는 이로 하여금 가까운 미래에 좀 더 윤리적인 장기 이식 환경을 위한 놀랄 만한 진전이 있을 것이라는 기대를 갖게 한다.

《란셋》에 실린 글이 씨앗이라면, 이어 갑자기 꽃핀 것이 왕리쥔 사건이 가져온 위기라 할 수 있다. 왕리쥔은 진저우시 공안국장을 지냈던 인물로, 최근 중앙정치국 상무위원 후보에서 탈락한 보시라이의 부하였다. 그러한 왕리쥔이 얼마 전 중국 청두 시에 있는 미국 영사관에 들어가 망명을 시도한 사건이 알려졌다. 왕리쥔은 2006년 시행된 수천 건의 장기 이식 수술의 감독인이었고, 그가 했던 역할이 서서히 수면 위로 떠오르고 있다.

왕리쥔은 한 의료 기술 혁신상 수상식에서 처형 후 즉시 실시되는 장기 이식의 전 과정을 현장에서 직접 감독하면서 깊은 감동을 받았다고 공개적으로 밝혔다.[3] 이런 감동이 왕리쥔보다 보시라이에게 더 크지 않았을까 하는 생각이 들기도 한다. 어쨌든 이들 두 사람은 파룬궁을 잔혹하게 탄압함으로써 이를 통해 정치 자금을 만들었다.[4] 이는 중국 공산당이 요구하는 지도자의 자격을 갖추기 위한 통과의례와 같은 것이나, 지도층의 권력 다툼에서 과거의 원칙은 쉽게 바뀔 수 있다. 보시라이는 장갑차를 동원하여 왕리쥔이 몸을 맡긴 미국 영사관에 압력을 가하였다.[5]

몇 주 뒤 중국 소셜네트워크서비스에 베이징 거리에 탱크들이 나타났다는 소식이 봇물을 이루었다(아마도 보시라이 일파에 대처한 것으로 보인다).[6] 동시에 중국 최대 검색 엔진인 바이두에서 그동안 봉쇄되었던 일련의 검색어가 일시 풀렸는데, 그중 눈에 띄는 것이 '생체 장기 적출'에 관한 것이었다.[7] 며칠 뒤 중국 위생부 부부장 황제푸(黃潔夫)는 앞으로 3~5년 내에 처형된 죄수에게서 장기를 획득하는 것을 중지하겠다고 공식적으로 밝혔다. 이러한 사태들이 벌어지고 있는 동안 파룬궁 진압을 지시했던 장쩌민은 죽음을 얼마 안 남긴 채 누워 있다.[8]

위와 같은 사태에 대하여 다양한 해석이 있다. 그 가운데 가장 먼저 직감할 수 있는 것은 중국 공산당이 생체 장기 적출과 이식 및 자신들의 역사에서 가장 치명적인 부분을 동시에 희석시키기로 결정했다는 점이다. 이를 위한 모든 요소들이 마련되었다. 즉, 주제를 회피하는 언약(《란셋》의 문장), 중국 공산당의 책임을 회피하기 위한 두 사람의 희생양(보시라이와 왕리쥔), 계파 간의 치킨 게임(탱크 소문과 인터넷 해금), 곧 세상을 뜰 장쩌민에게 일부 책임 부과(그동안 공산당이 보인 행태로 보면 사후 장쩌민은 잘한 것 70퍼센트, 못한 것 30퍼센트로 평가받으리라 짐작할 수 있다) 등이 그것이다. 사실 당이 살아남으려면 양심수에 대한 생체 장기 적출을 전면적으로 부정하고, 동시에 지난 15년간 남겨진 모든 증거를 철저히 묻어버리는 것이다.

중국 공산당이 1997년부터 2012년까지 계속되고 있는 위구르인, 파룬궁, 티베트인 그리고 가정기독교인House Christians 등을 포함한 정치적·종교적 수감자들의 장기를 적출하는 행위에 대하여 전면적이고 투명한 현지 조사를 실시하지 않는 한, 이 문제를 해결하기 위해 노력해온 어느 누구도 성공했다고 말하지 못할 것이다. 그래서 아주 많은 사람들이 우리의 행동에 동참해야만 한다. 물론 죄악의 규모가 어느 정도인지 알기 전에 선뜻 나서는 사람이 극히 적다는 것도 이해할 수 있다.

아이러니컬한 것은 외부의 관심과 성원을 얻기 위한 첫걸음이 우리의 자료에 한계가 있음을 인정하고 우리가 심한 제약 아래에서 작업하고 있음을 설명하는 것이다. 이 문제는 내가 2009년에 이미 언급했다.

정말로 모든 조사가 여전히 원시적인 단계에 머무르고 있음을 이해하여야 한다. 우리는 지금 벌어지고 있는 일들이 어느 정도 규모인지 모른다. 1820년 한 무리의 의사, 과학자, 그리고 아마추어 화석 탐사가 들이 무언가를 암시하며 흩어져 있는 증거와 뼈를 관찰하며 추론하던 일을 생각해보자. 그 후 22년이 지나서야 영국의 한 고생물학자가 '무서

운 도마뱀'이라는 의미를 가진 공룡이라는 단어를 조합해냈고, 이미 멸종한 공룡에 대한 현대적인 연구가 진지하게 진행되었다.

중국에서 일어난, 자발적으로 동의하지 않은 기증자로부터 장기를 적출한 사건을 조사하는 우리는 마치 초기 공룡 탐사가들과 같다. 우리는 서로 밀접하게 상의하면서 작업하지 않는다. 우리는 여전히 살아 있는 양심수에게서 장기를 적출한 의사가 한 사람이라도 중국 대륙에서 나오기를 기다리고 있다. 그때까지는 사실상 우리는 공룡 뼈조차 쥐고 있지 못한 것이다.[9]

이것은 아무런 표식도 없는 중국이라는 복합체를 들여다보는 것과 같다. 이는 마치 별을 조사하는 것과 같다. 우리가 볼 수 있는 빛이 이미 나타났고, 우리는 희미한 전파 신호에 의지하여 가정을 할 뿐이다. 아직도 나는 그 빛이 얼마나 멀리서 다가오는 것인지 반복해서 말하고 있다.

의학적으로 처음 증언을 한 사람은 망명자였다. 한 외과의사가 1995년 처형장에서 있었던 생체 장기 적출 경험을 아주 상세하고 구체적으로 증언했는데, 이 증언은 녹음되어 있다.[10] 인턴 한 명은 1997년 신장과 간장 이식을 기다리는 중국 공산당원을 위해서 위구르 정치범들의 혈액 검사에 참여했다고 진술하였다.[11] 이로써 우리는 이미 공룡 뼈와 같은 증거를 얻었다. 그리고 티베트와 위구르 지역에서 새로운 증인들이 나옴에 따라 더 넓은 발굴 구역을 확보하였다.

동시에 대량의 장기 공급원인 파룬궁 수련생들의 장기 적출에 대해서는 최초의 증인인 '피터Peter'와 '애니'가 비록 불분명했지만 이미 증언한 바 있다. 그리고 몇 차례에 걸쳐 중국 대륙의 의사들과 모호한 전화 통화를 한 끝에 점차 굳은 확신을 갖게 되었다.[12] 파룬궁 수련생이 아닌 수감자 한 명은 파룬궁 수련생이 장기를 적출당하기까지의 과정을 킬고어와 메이터스에게 분명하게 진술하였다.[13] 존경받는 한 타이완 외과의사는 매우 부끄러워하고 난감해하면서, 자신의 환자들이 중국 파룬궁 수련생들 장기의 정규적인 수혜자였다는 사실을 나에게 털어놓았다.[14]

몇몇 독자들에게는 이러한 사실들이 새롭고 충격적일 것이다. 그러나 이를 입증할 자료는 언제든 준비되어 있다. 언제까지 우리는 서방 세계에 만연한 무관심과 부정을 기다리고 참아야 하나? 우리는 이미 많은 증거를 모았고, 여론도 충분히 형성되어 있다. 그러므로 이 책도 출판될 수 있는 것이다. 물론 이 책은 거듭해서 최신 내용으로 보완되겠지만, 우리는 이미 이야기를 시작한 셈이다.

수감자의 생체 장기 적출은 1994년에 시작되었다. 1997년 신장 이닝 사건(新疆伊寧事件) 이후에는 소규모이지만 위구르 정치범들의 장기가 적출되었다.[15] 파룬궁 수련생들의 장기 적출은 2000년 하반기에 최초로 시작되었다. 파룬궁 수련생들에 대한 장기 적출은 2002년 가을까지만 해도 대규모(현재 그 숫자를 확인할 수 없는 티베트인들과 '동방의 빛'과 같은 가정기독교인 포함)로 시작되지 않은 것으로 보인다. 2006~2007년에는 〈대기원시보〉에 장기 적출 세미나를 다룬 기사가 실리고, 킬고어와 메이터스의 보고가 연이어 발표되어 장기 적출이 서둘러 금지될 듯했지만, 사실 이때 절정을 이루었다.[16]

이 이야기의 끝은 아직 멀었다. 중국 지도자들이 잡음 없이 2008년

베이징 올림픽을 치르길 희망했는데도 2006년 이후 장기를 적출하려고 파룬궁 수련생들의 신체검사를 실시한 사례는 분명히 있었다. 2008년 이후에도 파룬궁 수련생들의 장기 적출 문제는 여전히 존재해왔다. 2008년 및 2009년 연이어 티베트와 위구르에서 독립 투쟁이 일어났는데, 그 뒤 투쟁을 주도했던 많은 티베트인과 위구르인들이 실종되었다.

우리는 파룬궁 수련생들이 대규모로 감금된 2000년부터 장기 적출이 감소 국면에 들어선 2008년까지의 긴 기간 동안 파룬궁 수련생들의 장기 적출에 대해서 조사할 특별한 의무가 있다. 그러나 우리의 증거 자료는 너무 빈약하다.

인류의 존속을 위해서라도 우리는 역사상 일어났던 대량 학살이나 종족 학살 등에 대해서 원인을 분석·평가하고 교훈을 얻어야 한다.

서양인들은 틀림없이 홀로코스트를 집단 학살의 궁극적인 기준으로 삼을 것이고, 중국인들은 본능적으로 난징 학살 및 일본 731부대 인체 세균실험 계획과 비교하려 할 것이다. 나는 이 글의 끝에서 그것들을 간략하게 비교할 것이다.

나는 인터뷰를 기초로 조사를 벌였다. 서두에 밝혔듯이, 생체 장기 적출로 살해된 양심수의 범위를 알아내는 것은 매우 어려운 일이어서 몇 년이 지나야 그 결과가 나올 것이다. 그래서 나는 킬고어와 메이터스의 조사보고서와는 다르게 임시적인 방안을 써서 공백을 메울 것이다. 그러고 나서 제2의 공룡 뼈와 같은 왕리쥔 관련 자료들이 나오면 다시 검토하려고 한다.

먼저 나의 조사 방법과 동기에 대해서 설명하고자 한다. 나는 베이징 주재 무역 고문으로 일했는데, 전부터 중국 정부가 말하는 숫자에 대해서 뿌리 깊은 불신감을 품어왔다. 나는 항상 나의 고객들에게 타피오카(식용 녹말) 생산량 같은 단순한 수치에도 언제나 중국 정부의 정치적인 요소가 숨겨져 있고, 진실은 선택적으로만 반영되어 있을 뿐이라고 충고하였다.

킬고어와 메이터스는 생체 장기 적출 문제가 정치적으로 민감한 소재가 되기 전에 이미 당시 나타난 자료를 토대로 장기 적출로 사망한 파룬궁 수련생들의 숫자를 계산했다. 그런데 획득한 이식 장기의 수치가 그때그때 달라서 킬고어와 메이터스는 종종 비난을 받곤 했다. 그러나 내가 보기에는 수치가 변한다는 점이야말로 그들이 계산한 숫자가 중국 정부가 제시한 것이 아니라는 점을 나타내는 것이다. 간단히 말해 나는 공식적인 숫자나 그 숫자를 이용한 분석 방법을 배척하지는 않겠지만, 직관적으로 다른 방법들을 동원해 필요한 정보를 얻을 것이다.

나는 2002년부터 파룬궁에 관한 글을 써왔다.[17] 2006년 장기 적출에 관한 주장이 나왔을 때 나는 이를 받아들였지만, 어느 정도 의심하는 태도를 가질 필요는 있다고 생각했다. 생체 장기 적출이 사실이든 아니든 간에, 중국 정부와 파룬궁 사이의 충돌과 대립이 오랫동안 지속되었음을 알고 있었다. 그래서 나는 오랜 인터뷰 과정을 거치고 나서야 나의 회의적인 태도에서 비롯된 공백을 메울 수 있었다.

첫 인터뷰는 캐나다 토론토에서 있었고, 대상은 이제 막 중국의 노동교양소에서 출소한 세 명의 여성들이었다. 인터뷰가 시작되고 얼마 지나지 않아 나는 그들의 이야기에서 매우 비슷한 점을 발견했다.

그들은 모두 톈안먼 앞에서 파룬궁 박해에 대하여 항의하다가 붙잡혔고, 이후 전향공작(파룬궁 수련생들을 협박하여 파룬궁을 포기하게 하는 것), 고문, 세뇌, 능욕을 당했다.

그들 중 왕 여사(가명)라는 이는 말주변은 없었지만 나는 그에게서 '세상의 소금' 같은 건전함을 보았다. 이야기 도중 그녀는 '기이한' 신체검사에 대한 내용을 살짝 흘렸다. 자세히 얘기해달라고 청했으나 그녀는 별로 중요한 것이 아니니 본론에 들어가자고 했다. 그러나 나는 집요하게 물고 늘어졌다. 단식투쟁을 한 것이냐고 물었더니 아니라고 대답했다. 다른 사람들도 검사를 받았느냐고 묻자 다른 파룬궁 수련생들도 받았다고 했다. 어떤 검사냐고 물어보니 소변 검사, 대량의 혈액 채취 검사, 심전도, 복부 및 허벅지 안쪽을 두드려 보는 검사, 엑스레이 검사를 받았고, 그 후 의사가 오랫동안 그녀의 눈에 빛을 비춰 보았다고 했다. 시력 검사나 시야 검사를 받았냐고 묻자 받지 않았다고 했다. 귀·코·인후 검사, 생식 기관이나 반사 능력 등에 관한 검사도 없었다고 대답했다. 실제로 적합한 신체검사라고 볼 만한 점이 하나도 없었다. 왕 여사가 받은 검사는 단지 그녀의 간장, 신장, 심장 및 각막 등 적출하여 팔 수 있는 장기가 건강한지를 살펴보는 것이었다.

왕 여사는 왜 이런 질문을 하는지 전혀 눈치를 채지 못했으며, 오히려 나에게 불만을 품은 듯했다. 자기에게 질문을 던지는 이 서양인이 숲은 못 보고 나무만 본다고 여긴 것 같았다. 그녀가 하고 싶었던 말은 자신은 정신적으로 그들에게 굴복하지 않았다는 것이었다. 내가 보기에 왕 여사는 나이가 많아서 장기 적출 대상이 되지 않았던 것 같다. 하지만 왕 여사와 동일한 검사를 받은 나머지 젊은 여성들은 적출 대상이었을지도 모른다고 생각하니 등골이 오싹해져서는 그때까지 품었던 의심이 순식간에 사라졌다.

당시 내가 느꼈던 전율에 독자들도 공감하기를 바라지는 않는다. 그렇지만 다시는 의심이 생기지 않았는데, 그 이유 중 하나는 그 뒤에도 동일한 신체검사를 받았다는 수많은 이들을 인터뷰했기 때문이다. 이로써 생체 장기 적출에 대하여 믿을 만한 증거를 수집하는 데 전력을 기울일 수 있었다.

몇 년 동안 나는 100명 넘는 이들을 인터뷰하였다. 어떤 인터뷰는 며칠씩 걸리기도 했고, 이 모든 과정은 4개 대륙에 걸쳐서 이루어졌다. 내가 인터뷰한 사람들은 어떤 형태로든지 감금되었던 사람들이다. 그 가운데 50여 명은 난민 신분의 파룬궁 수련생들인데, 그들은 중국의 노동교양소나 감옥, 장기 구금 시설 등에 감금되었던 사람들이다. 그리고 다시 그 가운데 16명은 위와 같은 의심스러운 신체검사를 받았다.[18]

물론 소비자 조사와 같은 대규모 조사와 비교하자면 50명이라는 조사 대상은 통계적으로 의미가 크지 않다. 그러나 전쟁 중 조사 혹은 정보부 조사라면 더 적은 숫자라도 유용하다. 이 인터뷰 대상은 단순한 표본 샘플이 아니며, 나는 편향된 조사 방법은 절대로 쓰지 않았다. 나는 전체 파룬궁의 역사 시기 동안에 일어난 일을 방콕, 홍콩, 타이베이, 북미, 유럽, 호주 등지에서 광범하게 조사했다. 특히 미국, 유럽, 호주 등에서는 파룬궁이 크게 발전하던 1990년대에 수련을 하다가, 그 때문에 박해받은 수련생들을 인터뷰했다. 현재의 기준으로보면 그들이 받은 박해는 가벼운 축에 속하고, 또 그들은 대량 장기 적출이 이루어지기 전에 이미 석방되었다.[19] 그러나 인터뷰 대상자 수가 한정되어 있기 때문에 나는 희생자 수를 일정한 숫자로 고정하는 것을 피하려고 노력하였다. 그렇게 하지 않으면 의심 많은 사람들이 그릇된 가정의 실례라며 반박할 수 있기 때문이다. 나는 희생자의 수를 믿을 만한 숫자 범위 내로 한정하고 그 범위 내에서 중간 숫자 혹은 가장 좋은 추정치를 뽑아낼 것이다.

우선 기본적으로는 중국의 수감자 전체 숫자를 파악해야 한다. 미국 주정부가 제시한 자료에서는 25만 명이라고 본다. 이 숫자는 근본적으로 중국 공산당이 발표한 전국 각 노동교양소에 수감된 사람들의 총수이다.[20] 그러나 각 인권 조직(아이러니컬하게도 미국 국무부 소속의 민주 인권 노동 사무국이 포함되어 있다)은 보통 40만~50만이라고 보고 있다.[21] 그러나 이 모두가 결국은 중국 정부가 발표한 자료에 바탕을 둔 것인데, 중국이 수감자 수를 발표한 유일한 목적은 중국 인구 가운데 수감자의 비율이 세계적으로 매우 낮다는 점을 들어(미국의 7분의 1 수준이다) 중국은 매우 인도적이라고 선전하기 위한 것이다.[22]

수감자의 숫자를 파악하는 또 한 가지 방법은 감옥, 노동교양소, 구류소, 비밀감옥(불법적인 사설감옥), 정신병원 등 모든 감금 시설을 포함하여 계산하는 것이다. 노동개조연구기금에서 말하는 노동교양 시스템이란, 중국 공산당의 중앙 및 지방 권력자들이 파룬궁 수련생이나 반체제 인사를 마음대로 구류소, 비밀감옥 등에서 온갖 형태의 장기 감금 시설로 옮길 수 있다는 것을 의미한다. 노동개조연구기금은 현재 노동교양소에 감금된 사람의 숫자는커녕 노동교양소의 숫자도 파악하기 어렵다고 인정하면서, 구류소나 정신병원 등을 제외하고도 감옥 등의 노동교양소 시설이 1,000개가 넘는다고 보고 있다. 기금에서는 각 지역의 노동 생산품을 단서로 각 노동교양소를 역추적하고, 이 숫자 등을 근거로 각 시설의 수감자 수를 추정하였다. 이 조각 맞추기 식의 접근이 합리적이고 타당하다고 보는데, 노동개조연구기금은 현재 300만~500만 명이 수감되어 있다고 본다.[23]

1999년의 파룬궁 수련생 수는 하오펑쥔(郝鳳軍)을 인터뷰하면서 쉽게 알 수 있었다. 그는 중국이 파룬궁을 없애려고 세운 기구인 '610사무실'의 관원이었다. 파룬궁 수련생들은 스스로를 7,000만~1억 명에 달한다고 주장하고, 중국의 여러 매체의 보도도 이와 같다. 하오펑진과의 인터뷰에서 확인한 바로는 당시 610사무실은 수련생의 수를 7,000만 명으로 파악했다고 한다.

기초 추정치	최저 추정치	최고 추정치
노동교양소에 수감된 수감자 총수의 평균	300만 명	500만 명
파룬궁 수련생 총수(1999년 기준)	7,000만 명	7,000만 명

노동교양 시스템에 수감된 파룬궁 수련생들은 도대체 몇 명이나 되는가? 중국의 파룬궁 수련생들은 탄압이 시작된 초기 몇 년간 약 100만 명이 감금되었다고 보고 있다.[24] 인터뷰를 바탕으로 추정해보면 이 주장은 현실성이 있어 보이긴 하나, 사실 중국 형사 시스템에 문외한인 사람들이 하는 주장이다. 수감시설 통계 경험이 거의 없는 서양 저널리스트들은 종종 위와 같은 주장에 확실한 증거가 없다며 이 주제를 근본적으로 회피한다. 인권감찰 조직, 국제앰네스티, 인권감찰 및 자

유조직은 한 번도 정확하게 산출해보려고 체계적으로 시도한 적이 없고, 미국 국회의원 누구 하나 그러한 정보를 요구한 적이 없다.

아무튼 이 숫자는 시간의 경과에 따라 달라질 수밖에 없다. 2000년에서 2001년 톈안먼 광장 시위가 벌어져 수많은 파룬궁 수련생들이 붙잡히는 바람에 노동교양 시설에 모두 수용할 수 없을 정도가 되었다. 그러자 중국 공산당은 더욱 잔혹한 수법으로 탄압하기로 방침을 바꾸었다. 이 방침이 효과를 거두어 파룬궁 수련생의 수감이 급격히 줄어들었다. 그러나 공산당이 당초 주장한 99퍼센트 전향률은 달성하지 못하였다. 하오펑쥔은 50퍼센트는 되었다고 믿고 있으나, 석방된 파룬궁 수련생들이 다시 파룬궁 활동을 하는 비율이 꽤 높았다고 말했다.

공산당의 입장에서는 그들이 한층 더 위험한 투쟁을 펼치는 걸로 보였다. 그들은 전단지를 배포하고, 현수막을 내걸고, 인터넷을 통하여 진상을 밝히는 등의 활동을 하였다. 그래서 비록 두세 번씩 붙잡히는 수련생들의 숫자는 적었지만 일부는 석방되지 못하였다. 그들의 석방은 불가능하였다. TV시그널을 통한 삽입 방송과 '9평 공산당The Nine Commentaries'(〈대기원시보〉에 실린 특별 평론문)의 광범위한 보급에 따라 파룬궁 수련생들은 이제 국가의 위험한 적으로 간주되었다.[25] 여러 번 붙잡힌 수련생들은 아주 멀리 떨어져 있고 안전성이 보장되지 않은 노동교양소로 뿔뿔이 보내져 소식을 거의 전할 수 없었다. 너무 멀어 친지들과 연락하는 것이 거의 불가능하였으므로 중국 노동교양소에서 전해오는 소식이 점점 끊어졌고, 해외 파룬궁 수련생들도 수감된 수련생의 수를 파악하기가 어려웠다. 서방 언론들은 회의적인 입장이나, 2002년 해외 파룬궁 박해 추적 사이트는 아주 조심스럽게 10만 명

이 최저치라고 제시했다. 이는 몹시 방어적인 숫자여서 믿을 만해 보인다.[26]

이와 달리, 유엔의 고문에 관한 특별조사위원인 만프레드 노왁은 2009년 현재 중국의 수감자 가운데 파룬궁 수련생이 50퍼센트를 차지한다고 말했다. 난민들의 증언을 바탕으로 주장한 것인데, 이는 파룬궁이 중국에서의 고문 보고 사례 중 66퍼센트에 달한다는 그가 이전에 낸 보고서와도 일치하는 것이다.[27] 노왁이 제시한 고문에 관한 통계 수치는 비교적 정확하다고 본다. 그러나 10만 명이나 50퍼센트라는 수치는 노동교양소 수감자 수가 20만 명이나 그 이하가 아니라면 결코 정확하다고 볼 수 없다.

나는 앞의 두 추정치를 모두 받아들이지 않는다. 파룬궁 수련생들의 주장을 진지하게 받아들인 노왁의 용기는 칭찬할 만하지만, 격리된 노동교양소에 갇힌 파룬궁 수련생 가운데 어느 누구도 수감된 수련생의 전체 규모를 정확하게 말하기는 어렵다. 그래서 노동교양소에서 석방된 수련생을 인터뷰하며 앞서 말한 전체 규모는 언급하지 않고, 단지 그가 수감되었던 노동교양소에 얼마나 많은 수련생이 있었는지 물었다. 인터뷰 대상자 50명이 진술한 노동교양소의 구체적 상황에 근거해보면 수감자 중 여성의 30퍼센트, 남성의 10~15퍼센트가 파룬궁 수련생이라고 추정할 수 있었다. 더 나아가 남성 수감자의 비율이 훨씬 높은 점을 감안하여 노동교양소에 수감된 파룬궁 수련생 총수를 적을 때는 15퍼센트, 많을 때는 20퍼센트로 추정한다. 수감자 중 파룬궁 수련생의 비율이 최고일 때는 2001년, 최저일 때는 2008년으로 볼 수 있고, 어느 주어진 시점에서의 노동교양소에 수감된 파룬궁 수련생들의 평균은 45만~100만 명 사이로 볼 수 있다.

노동교양소의 파룬궁 수련생	최저 추정치	최고 추정치
노동교양소의 파룬궁 수련생 비율	15%	20%
노동교양소의 파룬궁 수련생 평균수치	45만 명	100만 명

이 숫자가 커 보이는가? 사실 나도 처음에는 놀랐다. 하지만 파룬궁 수련생 수를 앞에서 약 7,000만이라고 추산한 점을 생각해보라. 전체 파룬궁 수련생의 1~1.5퍼센트도 안 되는 사람들이 노동교양소에 수감된 것이다.

이제 과거 9년 동안 어느 일정한 시점에 얼마나 많은 파룬궁 수련생이 수감되었는지 살펴보자. 50명의 인터뷰에 기초하여 다음과 같은 답을 얻었다. 즉, 수감 기간은 초기에는 보통 1~2년 정도였다가 2008년에는 5년이 일반적이었으므로 평균을 3년 정도로 추정하였다.[28]

노동교양소의 파룬궁 수련생 현황(2000~2008년)	최저 추정치	최고 추정치
파룬궁 수련생의 평균 형량	3년	3년
노동교양소의 파룬궁 수련생 총수의 평균	1,200,000명	2,666,667명

인터뷰 대상자 50명 중 약 30퍼센트에 해당하는 16명이 장기 이식이 가능한지 확인하기 위한 것이라고밖에 볼 수 없는 신체검사를 받았다. 이 16명은 다시 두 그룹으로 나뉜다.

첫 번째 그룹 8명(조사 대상의 15퍼센트)은 나이가 매우 많거나, 중병을 앓고 있거나, 단식투쟁으로 몸이 몹시 허약해져서 장기 적출 후보가 될 수 없었던 사람들이다. 이들에 대한 신체검사는 순전히 '보여주기' 위한 것으로 보인다. 그렇게 추측하는 이유는 이들을 검사할 때 불안한 분위기(예컨대 무장경관이 여성 수련생 한 명씩에게 따라붙는 식으로)를 조장했기 때문이다. 이들도 똑같이 신체검사를 받는다는 것을 보여줌으로써, 이 신체검사는 누구나 받는 것이고 공포에 떨 이유가 없다는 것을 거짓으로 과시할 필요가 있었다. 그래서 약자들에게도 신체검사를 시행한 것이다.

두 번째 그룹 8명은 모두 젊고 상대적으로 건강하며 단식투쟁을 한 적이 없는 사람들이다. 지역에 따라 다르기는 했으나 이들 모두 빠짐없이 혈액검사, 소변검사, 심전도, 복부X선 촬영(각막검사는 2002년에는 기본이었으나 2006년 이후 제외되었다) 등 핵심적인 검사를 받았다. 여기서 주목해야 할 것은 그들이 세포조직이 일치하는지를 알아보는 일련의 후속 검사를 받았다는 사실이다. 이들이 바로 장기 적출 후보군이었던 것이다.

노동교양소에서의 파룬궁 수련생 신체검사 현황	최저 추정치	최고 추정치
수감 중 신체검사를 받은 수련생 비율	30%	30%
수감 중 신체검사를 받은 수련생 수	36만 명	80만 명
보여주기식의 신체검사를 받은 수련생 비율	50%	50%
장기 적출을 위하여 신체검사를 받은 수련생 수	18만 명	40만 명
수련생 중 장기 적출률	5%	30%

신체검사를 받은 파룬궁 수련생 중 최종적으로 선택되어 장기를 적출당한 수련생의 비율은 얼마나 될까? 나는 20명 가운데 1명이 실제로 선택된 것으로 보고, 따라서 5퍼센트(믿기 어려울 만큼 낮은 비율이지만)를 최저 수치로 설정하였다.[29]

그럼 앞의 표에서 보는 바와 같은 최고 수치 30퍼센트는 어떻게 나오게 되었는가? 노동교양소에 수감된 대다수의 수련생들은 수감 기간 중 장기 적출이 자행된다는 사실을 어렴풋이나마 알아챘고, 후속 검사를 받은 3~4명 가운데 1명꼴로 다른 곳으로 옮겨간 것을 기억하고 있었다. 파룬궁 수련생 다수는 옮겨간 이들이 바로 사실상 장기 적출 대상자로 선정된 것이었다고 단정하여 말하기는 어려울 것이다. 그러나 이들 수련생이야말로 다른 누구보다 수치를 추정하는 데 더 적격이라고 볼 수 있으므로, 나는 그들이 계측한 30퍼센트를 상한선으로 설정하였다.[30]

다음의 표에서 볼 수 있듯이 최고와 최저 수치 간에 차이가 크다. 충분히 공정하다. 과정상의 불확정성을 고려하여 나는 증거가 받쳐주지 않는 한 일정한 숫자를 피하였다. 최고치와 최저치 모두 순전히 한계치를 나타내는 것이고, 나는 그 어느 것도 믿지 않는다. 사실 그 중간치가 진실에 좀 더 가까울 것이라고 본다. 그래서 나는 6만 4,500명, 반올림하여 6만 5,000명을 최적 추정치로 제시한다.

파룬궁 수련생 장기 적출 추정치(2000~2008년)	최저	최고
파룬궁 수련생의 장기 적출 총수	9,000명	12만 명
최적 추정치	6만 5,000명	

장기 적출을 당하고 살해된 파룬궁 수련생 추정치 6만 5,000은 제2차 세계대전 당시의 유대인 대학살이나, 난징 대학살과 비교하면 적은 숫자이다. 그러나 단순한 일탈행위의 결과로 치기에는 너무 큰 숫자이다. 여기에는 유대인 대학살과 닮은 점이 있다. 경찰 관료와 군

의관들이 창의적으로 구금, 격리, 위생 등 일련의 시스템을 구축하였다는 것이다. 일단 혈액형 데이터베이스가 설립되면 군 의료 시스템은 그들의 투자가치가 떨어지는 것을 원치 않을 것이다. 그러면 이제 경찰 관료와 군 의료 시스템과의 전례 없는 협동이 일어난다. 군 의료 시스템이 살인과 사체 소각 등 증거 인멸에 대해 책임지게 될 것이다. 중국이 구축한 일련의 과정 때문에 나의 작업이 외부 세계의 관심을 끌게 된 것이지, 단지 앞의 숫자 때문이 아니다.[31] 즉, 중국 정부가 살해되어서는 안 될 사람을 살해하였다거나(극히 모호한 중국 법률 표준으로도 그들에게 사형을 선고할 수 없다), 살해된 대다수가 상대적으로 젊은 여자들이라고 해서가 아니다. 장기 적출 수술이 명백히 그들이 살아 있는 상태에서 일어났다는 점이 관심의 초점인 것이다.[32]

처음에는 생체 장기 적출과 관련해 초점을 잃고 감성적으로 접근했으며, 심지어 이유 없이 부인하고 싶었다. 그러나 내가 틀렸다. 파룬궁 장기 적출 만행과 종족 말살의 유대인 대학살, 일본 731부대의 생체 실험은 모두 존경받는 사회 구성원인 의사들이 필요했고, 의사들이 실제 참여했다는 점에서 서로 연관성을 갖는다. 그 숫자가 상대적으로 적다는 점이 다행이지만, 불행하게도 유대인 대학살 때와 거의 같은 수준으로 의료계가 타락했고, 게다가 우리가 지금 살아가는 시대에 일어난 것이다.

어떤 사람들은 의학 잡지 《란셋》에 글을 발표한 황제푸와 같은 중국 의사들이 진지하게 중국의 의료 시스템을 개혁하려고 하지 않느냐고 말할 것이다. 나도 동의한다. 그러나 몇몇 사람들의 선의로는 역사를 지울 수 없다. 만일 존경받는 서양 의학 학술지가 지나치게 예의를 따지거나 또 너무 천진하여 '허위 보고'라는 터무니없는 시도를 거절하지 못할지라도, 서방 기자들이 지나치게 위축되어 중국 측이 그어놓은 투명하지 못한 선을 넘지 못할지라도 진실은 명백히 밝혀야 한다.

장기 적출은 전 인류에 대한 범죄이다. 중국 공산당이 의료 개혁을 약속했다고 해서 그들이 벌인 집단 학살의 책임을 덮을 수 있는 도덕적인 권한은 그 누구에게도 없다.

1 다음을 참조하라. Keith Bradsher, "China Moves to Stop Transplants of Organs After Executions," *New York Times,* March 23, 2012, 〈nytimes.com/2012/03/24/world/asia/china-moves-to-stop-transplants-of-organs-after-executions.html?pagewanted=l&_r=l&ref=transplants〉, accessed 9 April 2012; "China to end organ donations from executed prisoners," BBC, March 23, 2012,〈bbc.co.uk/news/worldasia-china-17485103〉, accessed 5 April 2012; Laurie Burkitt, "China to stop Harvesting Inmate Organs," *Wall Street Journal,* 23 March 2012, 〈online.wsj.com/article/SB10001424052702304724404577298661625345898.html〉, accessed April 9, 2012. 수련생들의 고조된 분위기를 확인하려면 다음을 보라. Editorial Board, "Beijing Power Struggle Heralds End of Chinese Communist Party," *Epoch Times*, March 31, 2012,〈theepochtimes.com/n2/opinion/beijing-power-struggle-heralds-end-of-chinese-communist-party-211702.html〉, accessed 9 April 2012.

2 다음을 참조하라. Jiefu Huang MD, J Michael Millis MD, Yilei Mao MD, M. Andrew Millis BS, Xinting Sang MD, Shouxian Zhong MD, "A pilot programme of organ donation after cardiac death in China," *The Lancet,* Volume 379, Issue 9818, Pages 862 - 865, March 3, 2012; Published Online: 11 November 2011. A full copy is accessible at 〈d.dxy.preview/4035884〉, accessed March 13, 2012.

3 WOIPFG, "Investigative Report: China's Public Security Bureau's On-site Psychology Research Center Implicated in Live Organ Harvesting and Human Experimentation on Falun Gong Practitioners,"〈zhuichaguoji.org/en/node/214〉, February 15, 2012, accessed March 12, 2012. 다음도 참조하라. Matthew Robertson, "Would-be China Defector, Once Bo Xilai's Right Hand, Oversaw Organ Harvesting," *Epoch Times,* 〈theepochtimes.com/n2/china -news/would-be-chian-defector-once-bo-xilai-s-right-hand-oversaw-harvesting-191338.html〉, February 15, 2012, accessed March 12, 2012.

4 Stephen Gregory, "Rewarded for Torture: The Rise of Bo Xilai in China," *Epoch Times,* 〈theepoditimes.com/n2/china-news/rewarded -for-torture-the-rise-of-bo-xilai-in-china-204452-all.html〉, March 13, 2012, accessed March 17, 2012.

5　Bill Gertz, "Defection Denied," *Washington Free Beacon,* March 26, 2012, 〈freebeacon.com/defection-denied/〉, accessed April 9, 2012.

6　"Crackdown in China after Coup Rumours," *The Statesman,* March 31, 2012, 〈thestatesman.net/index.php.?option=com_content& view=article&id=405043 &catid=35〉, accessed April 9, 2012.

7　Matthew Robertson, "Chinese Internet Allows Searches for 'Live (Organ) Harvest'," March 26, 2012, 〈theepochtimes.com/n2/china-news/chinese-internet-allow-searches-for-live-organ-harvest-210507.html〉, accessed April 9, 2012.

8　Po Hui'er, "Former Chinese Regime Leader Jiang Zemin Said to Be in Vegetative State," *Epoch Times,* March 26, 2012, 〈theepochtimes.com/n2/china-news/former-party-leader-jiang-said-to-be-on-life-support-210916.html〉, accessed April 9, 2012.

9　Ethan Gutmann, "China's Gruesome Organ Harvest," *Weekly Standard,* 24 November 2008.

10　Ethan Gutmann, "The Xinjiang Procedure," *Weekly Standard,* December 5, 2011.

11　Gutmann, "The Xinjiang Procedure."

12　전화 통화 기록 전부를 보고 싶으면 파룬궁 박해 조사 세계 조직(World Organization to Investigate the Persecution of Falun Gong, WOIPFG)의 "List of Hospitals and Transplant Centers in China Confirmed by WOIPFG to Harvest Organs for Transplant Operations from living Falun Gong Practitioners," 〈www.zhuichaguoji.org/en/node/187〉, August 21, 2008 참조. 2011년 3월 12일 접속. 나의 전화 조사의 대부분을 차지한 한 수련생은 인터뷰 때 이렇게 말했다. 그녀가 2006년 초〈대기원시보〉에 쑤자툰 사건을 폭로하기로 결정한 것이 그 조사, 특히 그녀의 명중률(강제 장기 적출 병원)과 그녀가 접촉한 의사들의 솔직함에 많은 영향을 주었다고 하였다. 또 이와 관련하여 노동개조연구기금의 해리 우Harry Wu는 당초 파룬궁 수련생들의 장기 적출 주장에 대해, 특히 애니와 피터의 신빙성에 대해서 상당히 회의적인 태도를 보였으나 최근 새로운 증거들이 나온 후 입장을 상당히 바꾸었다. 이러한 변화는 노동개조연구기금의 니콜 켐튼Nicole Kemton과 낸 리처드슨Nan Richardson이 편찬한 Laogai: The Machinery of Repression in China(Umbrage: 2009), p.110에 반영되어 있다.

13　David Matas, "Organ harvesting of Falun Gong Practitioners in China: An Update," Remarks prepared〈organharvestinvestigation.net/events/D_Matas_081408.htm〉, August 14, 2008 중 수감자 "Lanny" 부분 참조. accessed March 12, 2012.

14 Ethan Gutmann, "China's Policies Toward Spiritual Movements," Congressional-Executive Commi-ssion on China Roundtable discussion, ⟨cecc.gov/pages/roundtables/2010/20100618/gutmann Testimony.pdf⟩, June 18, 2010, accessed March 12, 2012.

15 Gutmann, "The Xinjiang Procedure."

16 "Worse Than Any Nightmare: Journalist Quits China Expose Concentration Camp Horrors and Bird Flu Coverup," *Epoch times,* March 10, 2006; David Matas and David Kilgour, Report into Allegations of Organ Harvesting of Falun Gong Practitioners in China," ⟨organharvestinvestigation.net/report0607/report060706-eng.pdf⟩, July 6, 2006, accessed March 17, 2012; see also Gutmann, "China's Gruesome Organ Harvest."

17 Ethan Gutmann, "Who Lost China's Internet?" *Weekly Standard,* February 14, 2002. Ethan Gutmann, Losing the New China (Encounter, 2004), chapter 3 "MTV for War."

18 더 자세한 내용을 보려면 Gutmann, "Chinas Gruesome Organ Harvest" 참조.

19 내가 인터뷰한 수련생들은 살아나왔을 뿐 아니라 중국을 떠날 수 있었다. 그들 대부분은 여권을 발급받을 수 있었는데, 이것으로 보았을 때 그들은 원래 상대적으로 특수한 계층이었음을 알 수 있다. 비록 중국을 떠난 수련생 일부는 글을 몰랐으나, 내가 인터뷰한 수련생들 중에는 한 명도 문맹자가 없었다. 말하자면 나는 어느 정도 주체적이고 사회적 지위가 있는 수련생들을 대상으로 선정하였다. 그 밖에 이름이 널리 알려진 수련생들은 그들의 수감이 국제적인 관심의 대상이 되었기 때문에 장기 적출 후보에서 제외될 수 있었다. 예를 들면, 자오밍(趙明)은 더블린의 트리니티 대학에서 그의 석방을 적극적으로 호소하였고 언론의 관심이 높았기 때문에 석방되었다.

20 International Religious Freedom Report 2007, East Asia and the Pacific, Bureau of Democracy, Human Rights, and Labor, ⟨state.gov/g/drl/rls/irf/2007/90133.htm⟩, accessed March 15, 2012.

21 T. Kumar Advocacy Director Asia & Pacific Amnesty International USA, Amnesty International Testimony Human Rights in China And UN's Universal Periodic Review Before Tom Lantos Human Rights Commission Committee on Foreign Affairs United States Congress on 27 January 2009. For the State Department, see China (includes Tibet, Hong Kong, and Macau) Country Reports on Human Rights Practices, Bureau of Democracy, Human Rights, and Labor, East Asia and the Pacific, 11 March 2008 ⟨.state.gov/g/drl/ris/hrrpt/2007/100518.htm⟩, accessed february 4, 2009.

22 중국이 이 숫자를 어떻게 산출하였든지 간에 그 근거를 합리적으로 설명할 수 없다. 예를 들면 중국의 장기간에 걸친 사형 집행률이 매년 낮게 잡아 8,000명

이라고 하더라도 그 밖의 다른 국가 전부를 합친 것보다 20배나 높다. "China's secret execution rate revealed", *Globe and Mail,* 28 February 2006 참조.

23 노동교양소 수감자 수가 원래 추정치보다 400만~600만 정도 줄었다. 노동개조연구기금의 연구원 니콜 켐튼은 그 이유를 나에게 설명해주었고, 나는 그것을 내 강연이나 언론 기고, 인터넷상에 모두 반영하였다. 인터넷 〈eastofethan.com〉, 특히 "How many harvested?"를 참조하기 바란다.

24 2000년 말부터 2001년 초까지 중국 대륙에 수감되어 있는 중국 인민의 대부분은 아마 파룬궁 수련생들이었을 것이다. 2000년 1월부터 15만 명이 넘는 파룬궁 수련생들이 톈안먼 광장에 가서 항의를 하였다. 일명 '천사Angel'라고 불리는 한 수련생은 일련의 아파트를 중간 기착지로 쓰고 있었는데, 항상 수백 명을 기숙시키고 있었고, 이와 유사한 중간 기착지가 베이징에 4군데 더 있었다고 한다. 뉴욕 NTDTV 녹화영상 중에는 톈안먼 감시카메라에 수백 명의 수련생들이 톈안먼 광장 서북 측을 뚫고 들어가는 장면이 찍혀 있다. 내가 인터뷰한 한 노동교양소 소장은 2000년부터 2001년 사이에 톈안먼 광장에서뿐만 아니라 중국 각 지방에서 온 파룬궁 수련생들로 노동교양소가 넘쳐났다고 말하였다.

25 이 사건은 Ethan Gutmann, "Into Thin Airwaves," *Weekly Standard,* December 6, 2010 참조.

26 WOIPFG, Announcement of the Establishment of the "Committee to Investigate the Crimes of Chinese Labor 'Re-Education' Camps in the Persecution of Falun Gong," February 14, 2003. 파룬궁 정보센터는 2007년까지 3,000명의 수련생들이 살해되거나 고문치사를 당하였다고 확인하고 있으나 내부적으로는 3만 명에 이를 것이라고 보고 있다. Falun Dafa Information Center, Persecution: Killings, 〈faluninfo.net/topic/6/〉, accessed February 4, 2012.

27 Malcolm Moore, "Seven key dates for China in 2009," *Telegraph,* 〈blogs.Telegrap.co.uk/news/malcolmmoore/6111877/Seven_Key_dates_for_China_in_2009/〉, January 2, 2009, accessed February 4, 2012. United States Department of State, "2007 Country Reports on Human Rights Practices - China (includes Tibet, Hong Kong, and Macau)," March 11, 2008, available at 〈unhcr.org/cgi-bin/texis/vtx/refworld/rwmain?page=search&docid=47d9 2c29c8&skip=0&query=falun%20nowak 〉 accessed March 15, 2012.

28 이것은 양심수에 대한 장기 적출이 베이징 올림픽이 열린 2008년 1년 내내 중지되었다는 전제하에 가정한 것이다. 여기서 사용된 대체율은 3이 아니라 2.666인데 이는 2008년을 포함한 9년이 아니라 2000년부터 2007년 말까지의 8년으로 계산하였기 때문이다. 이에 따르면 9년 동안 어느 특정한 시점에 노동교양소에는 수련생 52명당 1명꼴로 수감되었고, 높게 산정하면 23명당 1명꼴

로 수삼되었다.

29 서방 세계에서는 잘 이해되지 않는 부분인데, 중국 군대 및 그 부속병원은 자본주의 기업처럼 경영하는 것이 허용되거나 심지어 공식적으로 장려되고 있다. 동시에 파룬궁 수련생들이 묘사하고 있는 신체검사나 연이은 후속 검사 등은 이에 수반되는 비용 및 시설 장비나 그 감가상각 등 모든 요소에 비추어 이러한 노동교양소 계통에서는 극히 비정상적인 것이다. 이러한 작업이 완전히 위험에서 벗어나 있는 것도 아니다. 그러나 의심의 여지가 없는 것은, 양심수의 장기를 적출하는 만행은 명백히 당국 고위층의 지시 아래 이루어지고 있다는 것이다. 왜냐하면 군 병원은 엄밀한 감시하에 있고, 국제사회는 물론 중국 인민들에게도 비밀이 지켜져야 하기 때문이다. 직접 관여한 외과의사 및 의료 종사원들과 이야기해본 결과 파룬궁 수련생들의 장기 적출이 비합법적인 장소에서 이루어지고 있다는 것을 명백히 알 수 있었다. 예를 들면, 수련생들이나 다른 장기 적출 후보자들의 중앙 데이터베이스가 없고, 의사들이 이베이eBay 같은 곳, 즉 완전한 블랙마켓은 아니지만 회색지대인 시스템을 통해서 후보자를 선택한다. 이는 마치 중국 정부가 공식적으로는 비난하고 있지만 제대로 법을 집행하지 않는, 따라서 뇌물과 수수료가 가격에 포함되어 있는 거대한 짝퉁 시장과 같은 시스템이다. 그 이윤이 위험을 상쇄하고도 남을 정도가 되어야 하는데, 내가 알고 있는 한 짝퉁 시장 전문가의 말을 빌리면 최소한 50퍼센트의 이윤이 남아야 수지가 맞는다고 한다. 장기 적출 이식 시스템이 그 위험을 상쇄하고도 상당한 이익을 남기려면 그에 필요한 최소한의 숫자가 희생되어야 한다. 예컨대, 단지 한 명의 수련생을 보여주기 위해 신체검사를 하면 약 미화 100달러가 들고, 실제로 장기가 적출될 수련생의 경우는 추가 검사를 포함하여 미화 500달러가 들 것이다. 하나의 장기 적출 가치가 평균적으로 미화 2만 5,000달러(50퍼센트의 중간 비용, 수수료 등 공제) 정도인데, 이러한 추정이 합리적으로 정확하다고 가정한다면(최소한 위에서 언급한 한 외과의사는 합리적이라고 보고 있다), 파룬궁 수련생들의 장기를 적출함으로써 얻은 전체 수익(신체검사 비용 등을 공제하고 남은 미화 1.17억 달러)의 최소한 50퍼센트의 이익을 얻기 위해서 장기가 적출되는 수련생들의 비율이 5퍼센트(20명 중 1명)는 되어야 한다.

30 일부 파룬궁 수련생들은 외국인이나 공산당 당원들에게 장기를 제공하기 위하여 혈액형별로 분류된 소위 '이동 마구간'에 파룬궁 수련생들이 있었다는 것을 확신한다. 그들은 주로 전향이 불가능한 수련생들이거나, 이름과 주소를 당국에 알리기 거부한 소위 이름 없는 수련생들이다. 이들은 모두 격리되어 있어 노동교양소에서 군 병원으로 이송될 때나 잠시 외부에 노출될 수 있었을 뿐이다. 해외 파룬궁 난민 중 약 25퍼센트의 수련생들은 100만 명 이상의 전향이 불가능한 수련생들이 수감되어 있는 대형 수용소가 중국 서북부에 있다고 말했다. 몇몇 수련생들은 경찰이 그들에게 말을 안 들으면 서북부로 보내버리겠

다고 위협했던 일을 명백히 기억하고 있다. 나는 부분적으로 이러한 주장을 입증할 수 있는데, 즉 위구르 미국인 협회Uighur American Association의 아림 세이토프Alim Seytoff가 신장 타림 분지 사막에 위구르인, 파룬궁 수련생 및 중범죄인들 5만여 명을 수감하고 있는 수용소가 있다는 사실을 확인해주었다. 이러한 증언들은 특히 선양 시를 중심으로 한 생체장기이식센터의 지리적 재설정에 많은 도움을 주었다. 이로써 더욱 많은 파룬궁 수련생들이 생체 장기 이식으로 희생되었음을 짐작할 수 있으나, 일회성 증언들뿐이라 전체 희생자 수에 합산할 수 없을 뿐이다.

31 "The Xinjiang Procedure" in David Brooks, "The Sidney Awards, Part II," *New York Times,* 22 December 2011.

32 Gutmann, "The Xinjiang Procedure," and "China's Gruesome Organ harvest."

왜 그들은 희생양이 되었는가

처음에 중국 정부는 파룬궁 수련이 건강 증진과 사회도덕 향상에 큰 도움을 준다고
선전하였다. 1998년이 되자 7,000만~1억 명의 중국인들이 파룬궁 수련에 참여했고, 이
는 공산당원의 수를 넘는 것이었다. 이에 공산당 지도자 장쩌민은 당황하였고, 1999년
7월 20일 파룬궁을 진압할 것을 명하였다.

왜 그들은
희생양이 되었는가

장얼펑

중국의 문화와 장기 기증

세계 최초로 성공한 장기 이식 수술은 1954년 보스턴에서 일란성 쌍둥이 사이에 있었던 신장 이식 수술이다. 한편, 중국에서는 1970년대부터 비로소 장기 이식 수술이 시작된 것으로 인정된다.[1] 전설 속의 신의(神醫) 편작(扁鵲, 기원전 700년)의 신기한 치료를 제외하고는 40여 년 전 몇 건이 있기 전까지 5,000년에 이르는 중국 역사에서 장기 이식에 관한 공식 기록이 없다.

사실상 과거에 장기 이식은 의술상 불가능했을 뿐 아니라 문화적 측면에서도 받아들여질 수 없었다. 춘추시대(기원전 771~기원전 476년)의 인물 공자는 "몸과 팔다리, 머리카락과 피부는 모두 부모에게서 받은 것, 그것을 감히 다치거나 못 쓰게 하지 않는 것이 효의 시작이니라(身體髮膚, 受之父母, 不敢毀傷, 孝之始也)"[2]라고 말하였다. 즉, 사람은 태어나서 죽을 때까지, 나아가 죽어서 묻히더라도 그 신체를 보전해야 한다고 강조하였다. 서주시대(西周, 기원전 1046~기원전 771년)의 《주례(周禮)》에는 "사람은 반드시 죽고, 죽으면 반드시 땅으로 돌아간다(衆生必死, 死必歸地)"라고 써 있다.[3] 오랜 세월 중국인들은 이 믿음을 줄곧 지켜왔고, 지금도 마찬가지다.

이러한 믿음은 자발적 장기 기증을 독려하는 현대 이념과 명백히 배치된다. 중국 위생부 부부장 황제푸는 "장기 기증이 저조한 데에는 네 가지 원인이 있는데, 사회적 관습이 가장 큰 원인이다"라고 분명하게 지적했다. 그는 중국인들이 장기 기증을 꺼리는 것은 전통적인 관습과 믿음 때문이며, 장기 기증에 관한 교육도 부족하기 때문이라고 말했다. 그리고 법률이 뒷받침되지 않은 것이 또 하나의 원인이라고 지적했다.[4]

장기 기증을 위한 입법

1984년 10월 9일 중국 최고인민법원, 최고인민감독원, 공안부, 사법부, 위생부, 민정부 등이 공동으로 선언한 '처형된 죄수들의 시체나 장기 사용에 관한 임시 규정'에 따르면, 의료 기관은 연고가 없거나 가족이 동의한 사형수라면 그 사체나 장기를 사용할 수 있도록 되어 있다. 그러나 사형수나 가족들에게 동의를 구하는 과정이 정당했는지, 즉 자발적인 의사에 따른 것인지를 우려하는 목소리가 오랫동안 있었다.

중국에서 수많은 파룬궁 수련생의 장기가 적출되어 이식되고 있다고 국제사회가 문제를 삼자, 중국 국무원은 2007년 3월 '인체 장기 이식 조례'를 만들어 장기 이식 및 감독에 관한 법률 기반을 보충하였다. 전 세계적으로 중국의 불법 장기 이식에 대한 비난이 점점 커지는 가운데 발표된 것이다. 이 조례는 장기 매매를 금지하고, 장기 이식을 받기 위한 외국인의 중국 여행을 금지하고 있다.[5] 2011년 4월 18일 중국 위생부는 '인체 장기 이식 감독 강화 추가 조치'를 발표하여 위와 같은 규정을 위반하면 의사 면허를 취소하겠다고 선언하였다. 중국 관방 언론인 〈신화사통신〉의 2012년 3월 22일 자 보도에 따르면, 중국 국무원은 2012년 '인체 장기 이식 조례'를 개정하여 인민들의 사후 장기 기증을 독려하는 조치를 취할 것이라고 했다.[6] 그러나 이 조례가 과연 개정될지, 그리고 개정된 뒤에 어떠한 조치들이 어떻게 실시될지는 두고 보아야 할 것이다.

중국 장기 기증의 현실

중국은 문화적 장벽 때문에 자발적 장기 기증 시스템이 갖추어져 있지 않다. 중국에서 이식 장기의 수요는 나날이 증가하고 있지만 공급은 턱없이 모자라 문제가 심각하다. 중국 위생부 부부장 황제푸는 2012년 3월 22일 '중국 장기 기증자 협의회'에서 "중국은 가능한 한 빨리 장기 기증 시스템을 만들어 앞으로 3~5년 내에 사형수에게서 장기를 적출하는 이상한 방식을 중지하겠다"고 말하였다.[7] 같은 회의에서 저장(浙江) 성 인체 장기 기증 위원회의 부주임 겸 저장 성 적십자 부회장 가오샹(高翔)은 이식 대기자와 장기 기증자의 비례가 미국이 5 대 1, 영국이 3 대 1인 데 비해 중국은 150 대 1로 차이가 매우 심하다고 밝혔다.[8]

황제푸 부부장은 2010년 마드리드 장기 기증 및 이식 회의에서 '중국의 미래 장기 이식 계획'이라는 제목으로 연설했다. 그는 여기에서 사망자 이식 장기의 90퍼센트 이상이 사형수에게서 나온다고 밝혔다. 지난 20여 년간 처형된 죄수에게서 장기를 취득하는 관행은 세계는 물론 중국 내의 언론, 국제 인권 조직 및 의학계로부터 논란을 불러일으켰다. 일찍이 2006년 11월 위생부 대변인 마오췬안(毛群安)은 "나는 인정한다. 중국에서 정부 감독이 소홀하여 부적절한 장기 이식이 행해지고 있다"라고 말하여 중국 장기 이식 오용에 대한 국제사회의 비난을 피하려고 시도한 바 있다.[9]

장기 이식 범죄

과거 2년간 중국 언론은 장기 매매 및 판매 운반에 관하여 폭넓게 보도해왔다. 그러나 수감된 파룬궁 수련생들에게서 장기를 적출한다는 주장에 대해서는 침묵으로 일관하고 있다. 중국에서 장기 이식이 남용되는 주요 이유로는 다음 세 가지가 있다.

첫째, 빈곤층이 생계비를 마련하기 위하여 장기 판매를 강요받는다. 둘째, 외국인의 중국행 장기 이식 여행을 돕는 전국적 네트워크가 존재한다. 셋째, 사형수나 수감된 파룬궁 수련생들에게서 장기를 적출하는 것을 국가적으로 용인한다.

무엇보다도 중요한 것은 장기 이식이 나날이 증가하는 국내외의 수요에 따라 단지 의료 시술에 머물지 않고 많은 이윤을 창출하는 산업이 되어버렸다는 점이다.

권위 있는 중국 금융 잡지인 《차이징(財經)》은 2012년 2월 13일 자에서 후난(胡南) 성 천저우(郴州) 시의 지하 장기 교역이 어떻게 이루어지는지에 관하여 심도 깊은 조사보고서를 발표하였다. 그 안에는 17세의 신장 판매인, 브로커, 의사, 병원, 신장을 이식받은 말레이시아인이 포함되어 있다.[10]

2012년 2월 베이징 시 하이뎬 (海澱) 구 검찰원은 최소 51건의 신장을 수천만 위안에 불법 거래한 혐의로 16명을 기소하였다. 이 사건은 중국 관방 언론을 통하여 전국적으로 보도되었다. 어떻게 사람들에게 접근하여 장기를 팔게 하고, 병원들로 하여금 그들의 장기를 적출하도록 하여 상당한 이득을 취하는지 상세하게 폭로하였다.[11]

그러나 중국 장기 이식의 남용 가운데 가장 추악한 것은, 국제사회가 주장하고 비난하는 바와 같이, 수감 중인 파룬궁 수련생들에게서 그것도 살아 있는 상태에서 장기를 적출한다는 것이다. 해외 언론 및 데이비드 메이터스와 데이비드 킬고어의 보고서에 따르면 이러한 만행은 수련생들의 의사에 반해서 대규모로 저질러지고 있다고 한다. 메이터스와 킬고어가 쓴 《블러디 하베스트》는 많은 실례와 분석을 통해 끔찍한 만행을 보고하고 있다.

파룬궁은 불가공법에 뿌리를 둔 쩐(眞, 진), 싼(善, 선), 런(忍, 인)의 궁극적인 가치를 수련하는 고대 수련법으로 1992년 리훙쯔(李洪志)가 처음 시작했다. 당시 중국 정부는 파룬궁 수련이 건강 증진과 사회도덕 향상에 큰 도움을 준다고 선전하였다. 1998년이 되자 7,000만~1억 명의 중국인들이 파룬궁 수련에 참여했고, 이는 공산당원의 수를 넘는 것이었다. 이에 공산당 지도자 장쩌민은 당황하였고, 1999년 7월 20일 파룬궁을 진압할 것을 명하였다. 파룬궁 수련생 수십만 명을 체포하는 동시에 국가의 모든 선전 매체를 동원하여 파룬궁을 사교(邪敎)로 묘사하기 시작했다. 장쩌민은 소위 '610사무실'이라는 특별 기구를 만들어 행정 및 사법부를 넘어서는 초법적 권한을 부여하여 파룬궁 박해 및 근절을 맡겼다. 잡혀 들어간 파룬궁 수련생들은 각종 고문과 정신적 학대를 당하고 심지어 살해당하기도 하였다. 그랬지만 어느 변호사도 그들을 위해 변호할 수가 없었다.

유엔의 고문에 관한 특별조사위원인 만프레드 노왁은 중국의 노동교양소와 감옥에서 보고된 고문 사례의 3분의 2가 수감된 파룬궁 수련생들에 관한 것이라고 보고하고 있다.[12] 파룬궁 정보 센터에는 3,000건이 넘는 사망 사건이 기록되어 있다.[13] 이러한 모든 사태는 장쩌민이 파룬궁 수련생들을 육체적으로 파괴하라고 한 명령에서 시작되었다. 국제앰네스티, 인권감찰Human Rights watch, 인권 보고서를 펴내는 미국 국무부 같은 기구들은 지금도 계속 중국의 이와 같은 만행을 기록하고 있다.

설득력 있는 수많은 증거들이 메이터스와 킬고어가 주장하는 바와 같이 왜 수감된 파룬궁 수련생들이 장기 이식 남용의 희생자로서 취약한지를 뒷받침하고 있다.

첫째, 1999년 7월 20일부터 수천만 명의 파룬궁 수련생들이 정부 청사나 톈안먼 광장 등지로 나와 헌법이 보장한 개인 신념에 대한 권한을 평화적으로 호소하였다. 그들의 공개적인 요구는 시종 폭력으로 저지당하였고, 수많은 수련생들이 체포되었다. 그들 대부분은 가족이나 직장 동료들에게 피해를 주지 않으려고 신분 노출을 꺼렸는데, 이것이 그들이 나중에 가족들조차 행방을 알 수 없게 사회에서 증발해버린 주요한 원인이 되었다. 신분 증명이나 개인 자료 없이 수감된 파룬궁 수련생들이 대규모의 장기 적출 자원이 되어버렸다.

둘째, 파룬궁 수련생들은 중국 정부가 당초 인정한 바와 같이 수련 덕분에 신체가 건강했다. 보고에 따르면 많은 수련생들이 체포되자마자 혈액검사를 포함한 신체검사를 받았다고 한다. 이 점에 비추어볼 때 황제푸 부부장이 2012년 3월 23일 "사형수들의 장기가 세균에 감염된 확률이 높아 이식 장기로는 적합하지 않다"라고 한 말은 특히 의미가 깊다.[14]

셋째, 어떠한 변호사도 파룬궁 수련생들을 변호하는 것이 허용되지 않기 때문에 그들을 상대로 고문이나 가혹 행위를 하고, 이로 인해 사망에 이르더라도 아무런 징벌도 없고 법률적인 책임도 부과되지 않는다. 이러한 잔혹 행위는 610사무실에 의하여 권장되어, 당국은 어떻게든 수련생들에게 신념을 포기하도록 하여 파룬궁을 뿌리 뽑겠다는 국가 정책을 관철하려고 한다. 사실상 오늘날 중국에서 수감된 파룬궁 수련생들의 장기를 적출하거나 그들을 고문 살해하는 것은 아무런 범죄가 되지 않는다. 과거 13년 동안 범죄 행위가 있었다는 수많은 증거가 있었지만, 단 한 사람도 재판에 회부되지 않았다.

넷째로, 톈진동방장기이식센터의 자료[15]에서 보는 바와 같이 이곳에서 실시한 장기 이식 수술의 숫자는 파룬궁 탄압이 시작된 1999년 중반부터 급격히 증가했다. 당시는 물론이고 지금도 자발적 장기 기증 시스템이 존재하지 않는 중국에서 그 뒤로 매년 장기 이식 건수가 대폭 증가한 것도 결코 우연이 아니다. 중국에는 현재 최소한 150개의 공인된 장기 이식 병원이 있고, 인권 기구의 추정으로는 매년 5,000~8,000명의 죄수가 사형에 처해진다고 한다. 그런데 2003년부터 2006년 사이에 매년 1만 5,000건의 장기 이식 수술이 실시되었다. 나머지 부족한 장기는 어디에서 구한 것인가? 활발한 장기 기증 시스템을 갖춘 미국에서도 신장 이식을 받으려면 평균 3년을 기다려야 하는데, 어떤 중국 장기 이식 병원들은 단 몇 주 만에 신장 이식을 받을 수 있다고 여러 언어로 광고하고 있다. 예를 들어, 톈진동방장기이식센터는 대기 기간이 2주이고, 중국인민해방군 제2군의대학(上海長征醫院)의 장기 이식 연구소는 단 1주라고 광고한다.[16] 세계 각지에서 장기 이식을 선도하고 있는 전문가들도 그것이 도대체 누구의 장기이고, 1999년 중반부터 소위 사형수들이 누구인지에 대하여 점점 의문을 갖게 되었다.

최근 세계 언론들은 전 충칭 시의 공안국장이던 왕리쥔이 미국 망명을 신청한 사건을 취재하면서, 왕리쥔이 수감된 파룬궁 수련생들 및 사형수들에게서 장기를 적출하는 만행에 직접 관여했다고 보도하였다. 중국의 인터넷 검색 엔진 바이두에 따르면, 아무런 의학 지식이나 경험이 없는 왕리쥔이 랴오닝 성 진저우 시의 공안국장으로 재임하던 시기에 일련의 장기 이식 실험에 참여하였다고 한다. 메이터스와 킬고어의 조사에 따르면 랴오닝 성은 파룬궁 수감자들에 대한 대규모 장기 적출이 있었다고 알려진 지역이다. 2006년에 왕리쥔은 장기 이식 실험으로 중국 정부가 주는 상까지 받았는데, 그는 수상식에서 "우리의 과학적 성과는 수천 건의 처형 현장에서 얻은 샘플에서 나왔다"고 밝혔다.[17] 그러나 문제는 여전히 남는다. 그가 재임했던 2년 동안 진저우 시에서 수천 명의 죄수가 처형되었다는 것은 상식적으로 있을 수 없는 일이다. 그렇다면 과연 누가 왕리쥔의 장기 실험을 위해 살해된 진짜 희생자들인가?

미국 국무부가 펴낸 〈2011년 인권 보고: 중국(티베트, 홍콩, 마카오 포함)〉에는 다음과 같은 내용이 나온다.

"처형된 죄수의 장기가 이식 목적으로 적출된다는 주장에 대해서 중국 위생부 부부장 황제푸는 죄수는 장기의 적절한 출처가 아니고, 죄수에게서 장기를 적출하려면 서면 동의가 필요하다고 2009년에 말하였다. 해외나 중국의 언론 및 인권 단체들은 파룬궁 수련생들 및 위구르인들의 장기가 적출되고 있는 사례들을 계속 보도하고 있다."[18]

윤리적 문제

법률과 의학적 윤리를 지키며 진행된다면 장기 이식은 현대 의학의 커다란 성과라고 말할 수 있다. 그것은 하나의 생명을 구하는 동시에 다른 하나의 생명을 파괴할 수도 있는 의료 기술이다. 세계의사협회wma는 2000년 '인체 장기 기증 및 이식에 관한 성명'을 채택하였고, 2006년 수정하여 특정한 윤리 규범을 삽입하였다.[19] 세계보건기구도 상세한 '인체 세포, 조직 및 장기 이식에 관한 지도 원칙'을 제시하고 있다.[20]

중국도 세계의사협회 및 세계보건기구의 구성원으로서 그들이 제정한 법규 외에 소속된 단체의 윤리 기준을 지킬 의무가 있다. 중국은 매년 처형되는 죄수의 숫자는 물론 이식 장기의 출처를 투명하게 밝히지 않고 있는데, 이는 심각한 우려를 자아내고 있다. 처형된 죄수들이 도대체 어떤 사람들이고 그들은 무슨 죄로 처형되는가? 중국은 반드시 수감된 파룬궁 수련생들이 대규모로 장기 적출을 당하고 있다는 주장에 대하여 독립된 조사를 할 수 있도록 허용하여야 한다.

중국은 1999년 7월 20일부터 지금까지 이 수련 단체를 조직적으로 박해하고 근절시키는 정책을 유지해왔다. 비록 최근 중국 당국이 장기 이식에 관한 몇몇 규정들을 제정하였지만, 이는 단지 국제사회의 비난을 피하려는 눈가림에 불과할 뿐 실행하려는 의지와 투명성이 빠져 있다.

세계인권선언은 "모든 사람은 태어날 때부터 자유롭고, 존엄하며, 평등하다. 모든 사람은 이성과 양심을 가지고 있으므로 서로에게 형제애의 정신으로 대해야 한다. 누구나 생명, 자유, 그리고 안전에 대한 권리를 갖고 있다. 그 누구도 고문을 당하거나 잔인하고 비인간적이거나 모욕적인 대우나 형벌을 받아서는 안 된다"고 선언하고 있다.[21] 그러나 국제연합, 국제앰네스티, 언론, 세계 각지의 일부 중국학자들이 지적하듯이 중국 공산당의 통치하에서는 기본 인권이 일상적으로 침해받고 있다.

1   Medical Encyclopedia: http://www.wiki8.com/qiguanyizhi_40709/.

2   《효경(孝經)》.

3   《주례(周禮)》.

4   In organ donations, charity begins with body, http://news3.xinhuanet.com/english/2006-11/16/content_5335427.htm.

5   China Defends Its Organ Transplant from Executed Prisoners. http://news.bbc.co.uk/chinese/simp/hi/newsid_8240000/newsid_8243600/8243697.stm.

6   Health Ministry: Speed up the establishment of post-death organ donor system, http://news.sina.com.cn/c/2012-03-22/214424159133.shtml.

7   같은 글.

8   같은 글.

9   In organ donations, charity begins with body, http://news3.xinhuanet.com/english/2006-11/16/content_5335427. html.

10   器官旅游移植鏈(Organ Transplant Tourism Network):http://magazine.caijing.com.cn/2012-02-13/111676437.html.

11   The Nation's Largest Human Organ Trade is in Court, Involving Tens of Millions. http://www.fjsen.com/h/2012-02/29/content_7922389.htm.

12   Manfred Nowak (2006). "Report of the Special Rapporteur on torture and other cruel, inhuman or degrading treatment or punishment: MISSION TO CHINA." United Nations, p. 13.

13   Falun Dafa Information Center. http://faluninfo.net/.

14   《中國五年內取消死囚器官移植》,《華爾街日報》(中文版):http://cn.wsj.com/gb/20120323/bch152937.asp.

15   출처 : 톈진동방장기이식센터 웹사이트.

16   The Difficulty in Legislating Organ Transplantation. http://www.lifeweelk.com.cn/2006-04-17/0005314976.shtml.

17   Wang Lijun's Secret Research Center and Confessed to Serve Organ Transplants. http://www.epochtimes.com/gb/12/4/21/n3571316.htm%E7%8E%8B%E7%AB%8B%E5%86%9B%E7%A5%9E%E7%A7%98%E7

%A0%94%E7%A9%B6%E4%B8%AD%E5%BF%83%E5%9D%A6%E6%8
9%BF%E4%B8%BA%E5%99%A8%E5%AE%98%E7%A7%BB%E6%A4%-
8D%E4%BE%9B%E4%BD%93?p=all.

18 http://www.state.gov/j/drl/rls/hrrpt/2011/eap/186268.htm.

19 WMA Statement on Human Organ Donation and Transplantation. http://www.wma.net/en/30publications/ 10policies/t7/index.html.

20 WHO Guiding Principles on Transplantation of Human Cells, Tissues and Organs. http://wvw.who.int/transplantation/en/index .html.

21 Universal Declaration of Human Rights. http://www.un.org/en/documents/ udhr/.

숫자가
진실을 보여준다

■

파룬궁 박해 이후 이식 건수가 급격히 늘었지만, 사형 집행 건수에는 변화가 없었다. 따라서 우리는 그 간격을 파룬궁 수련생들이 메꾼다고 설명하는 것이다. 우리의 보고서 제2판이 나온 뒤 그리고 우리의 책이 출판되기 전 사이에 사형 집행이 줄었고, 이식 규모는 약간 줄어들었다가 다시 옛날 수준으로 돌아갔다. 그래서 우리는 파룬궁 수련생의 장기 적출이 증가하였다고 결론을 내렸다.

숫자가 진실을
보여준다

데이비드 메이터스

중국에서는 매년 장기 이식 수술이 얼마나 많이 시행되는가? 그 장기들의 출처는 어디인가?

데이비드 킬고어와 나는 2006년 7월 처음 발표하고 2007년 1월 2차로 발표한 보고서[1]에서 2000년부터 2005년까지 6년 동안 4만 1,500건의 이식이 있었다고 결론지었다. 그리고 그 장기의 출처는 파룬궁 수련생이라고 설명할 수밖에 없었다. 2009년 11월 우리가 쓴 책《블러디 하베스트》는 우리의 이전 보고 이후로 상황은 더욱 나빠져서, 파룬궁 수련생의 장기 적출이 증가하고 있다고 결론 내렸다.[2]

중국 정부는 이식에 사용된 장기가 거의 대부분 중국의 수감자들에게서 나온다는 것을 알고 있다. 중국 정부는 이식을 위하여 장기가 적출되는 수감자들은 사형 선고를 받은 범죄자들이고, 그들 본인이 장

식하였기 때문이다. 금지 이후 수십만 명의 파룬궁 수련생들이 체포되었다. 일부는 자발적으로 파룬궁 수련을 부인하였고, 일부는 고문을 받고 풀려났다.

전향하기를 거부한 사람들은 중국 정부가 듣기 좋게 '노동교양소'라고 부르는 곳으로 끌려간다. 노동교양소는 행정부의 재량에 따라 사람을 구금하고 강제 노동을 시키는 곳이며, 동시에 살아 있는 거대한 장기 은행이다. 노동개조연구기금은 2008년 당시 노동교양소에 구금된 사람들의 수를 50만~200만 사이로 추정하였다.[7]

데이비드 킬고어와 나는 파룬궁 박해를 전후로 장기 이식 건수와 사형 집행 건수를 비교하여 4만 1,500명이라는 숫자를 도출했다. 파룬궁 박해 이후 이식 건수가 급격히 늘었지만, 사형 집행 건수에는 변화가 없었다. 따라서 우리는 그 간격을 파룬궁 수련생들이 메꾼다고 설명하는 것이다. 우리의 보고서 제2판이 나온 뒤 그리고 우리의 책이 출판되기 전 사이에 사형 집행이 줄었고, 이식 규모는 약간 줄어들었다가 다시 옛날 수준으로 돌아갔다. 그래서 우리는 파룬궁 수련생의 장기 적출이 증가하였다고 결론을 내렸다.

2009년 11월 이후 왜 다시 숫자를 이슈로 삼게 되었는가? 비록 더 많은 정보를 주는 것은 아니라고 할지라도, 그 사이에 변화가 있었다.

첫째, 국제앰네스티는 사형 통계 공표를 중지하였다. 국제앰네스티는 개개인의 사안을 총합하여 사형 기록을 제공해왔다. 국제앰네스티는 2002년 이후로 매년 사형 선고와 집행 수를 계산해왔는데, 마지막 통계인 2008년도에 1,718명이 사형되었다고 우리 책에서 밝혔다. 2009년과 2010년에는 통계가 없다. 기록이나 통계가 없는 이유에 대해서는 아무런 설명이 없다.

이처럼 정보가 없다는 것은 유감스러운 일이다. 기록과 통계는 언론 매체의 보도에 근거한 것이다. 모든 처형이 공개적으로 보고되는 것은 아니므로 이러한 기록과 통계의 수치는 실제 처형의 숫자보다 적다. 즉, 이는 최소한의 수치를 제공하는 것이고, 추세나 특징을 나타내준다는 점에서 유용하다. 예를 들어 국제앰네스티가 제공하는 자료를 보면 범죄, 종교, 성별 분포 등을 알 수 있다. 국제앰네스티는 이러한 기록과 통계 보고를 다시 시작하여야 할 것이다.

데이비드 킬고어와 나는 책을 쓰던 중 홍콩에 있는 중국간이식등록소China Liver Transplantation Registry에서 이식 숫자에 관한 유용한 정보를 얻을 수 있었다.[8] 이 두 번째 변화 단계에서 중국간이식등록소는 그 사이트의 통계 자료에 일반인이 접근하는 것을 막았다. 등록소에서 발급한 아이디와 비밀번호가 있어야만 자료에 접근할 수 있게 되었다.

그러나 그 사이트에는 아직도 누구에게나 공개된 정보들이 있는데, 예를 들면 중국간이식등록소에 보고하는 이식 병원의 이름이나 위치 등이다. 그 목록를 보면 민간 병원뿐만 아니라 군 병원도 보고를 하고 있음을 알 수 있다. 거기에는 9개의 군 병원을 포함한 35개의 국립 병원, 11개의 군 병원을 포함한 45개의 지방 병원이 열거되어 있다.[9]

2010년 8월 밴쿠버에서 열린 이식학회 회의에서 나는 중국간이식등록소의 부이사인 왕하이보(王海波)를 만났다. 나는 그에게 왜 중국간이식등록소 사이트에서 정보 접근을 막았는지, 다시 공개될 수 있는지 등을 물었다. 그는 사람들이 데이터를 오해하기 때문에 공개적 접근을 막았다고 답하였다. 우선 데이터 사용의 목적이 무엇인지 알아야 하고, 그 데이터가 오해되지 않는다는 확신을 가질 수 있어야 접근을 허용할 수 있다는 것이었다.

중국건강시스템Chinese health system은 간, 신장, 심장, 폐 등 4곳의 이식 등록 기관을 운영하고 있다. 간을 제외한 3곳은 중국 대륙에 있는데, 신장[10]과 심장[11]은 베이징에, 폐[12]는 우시(無錫)에 있다. 이 3곳의 사이트 역시 모두 발급된 아이디와 비밀번호가 있어야 접근이 가능하다. 중국이 영국에서 홍콩을 반환받을 때의 원칙은 '1국가 2체제'였다. 그런데 이식 자료에 대한 공개적 접근의 경우는 1국가 1체제이다.

세계보건기구의 지도 원칙 제11조는 기증자와 환자 개인의 익명성 보장과 동시에, 장기 출처의 투명성 및 조사에 대한 공개 등을 요구한다. 이전에 이용할 수 있었던 총계에 관한 데이터를 감추는 것은 이러한 요구에 명백히 반하는 것이다. 4곳의 이식등록소가 가지고 있는 총계 데이터는 별도로 발급된 아이디와 비밀번호 없이도 누구나 접근할 수 있어야 한다.

《블러디 하베스트》 출판 이후 이러한 변화가 생겼다고 하여 숫자에 관한 우리의 결론을 재검토해야 하는 것은 아니다. 우리의 결론은 여전히 언급할 만한 가치가 있다. 죄 없는 사람을 백주 대낮에 살해하는 것은 어렵다. 데이터를 덮어버림으로써 암흑이 드리워지면 이식 범죄라는 악행이 더 쉽게 저질러질 수 있다. 파룬궁 수련생들이 장기 적출을 위해 살해당한다는 우리의 결론은, 범죄를 막는 장치가 없다는 점에서 더욱 설득력이 있다. 이러한 결론은 우리가 책을 출판할 당시보다 지금 더욱더 진실에 가까워졌다. 왜냐하면 그 당시 중국간이식등록소 사이트에서 공개적으로 이용할 수 있었던 데이터, 즉 범죄의 정도를 보여주는 데이터를 지금은 얻을 수 없기 때문이다.

《블러디 하베스트》 출판 이후 세 번째 변화는 장기 기증 시스템의 설립이다. 중국 위생부는 중국 적십자의 감독 아래 2010년 3월 11개의 성(省)과 시(市)에 장기 기증 시스템을 설립하였다. 이 시스템은 심장사 이후의 기증에 한한 것으로, 살아 있는 사람의 기증이나 뇌사 이후의 기증은 고려하지 않은 것이다.

〈베이징 투데이〉는 1년 후인 2011년 3월 "위에서 언급한 11개의 기증 시스템 중 하나가 있는 장쑤(江蘇) 성의 수도 난징(南京)에서는 1년 동안 단 한 명의 기증자도 나오지 않았다"고 보도하였다. 류원화(劉文華)는 난징 적십자 회원인데, 정부에서 5개의 병원에 파견한 12명의 기증 상담사 중 한 명이다. 류원화는 "지난 20년 동안 난징에서는 단 3명이 장기를 기증하였다"고 말하였다. 이 이야기는 주목할 만하다. "다른 지역도 성공하지 못하기는 마찬가지이다. 지난 목요일 기준 전국적으로 37명만이 장기 기증을 하겠다고 등록하였다."[13] 그 37명의 등록자 중 몇 명이나 실제로 장기 기증으로 이어졌는지는 알 수 없다.

이러한 기증은 통계적으로 무의미하며, 우리의 결론을 바꾸지 못한다. 그럼에도 불구하고 실패한 노력은 주목할 만하다. 이 실패는 공산당과 중국 정부가 기증에 대한 문화적 거부감을 극복하려고 진지하게 노력하지 않았음을 보여준다. 공산당과 정부 입장에서는 수감자들로부터 장기를 얻는 방식을 바꾸는 것이 우선 사항이 아니다.

네 번째 변화는 2010년 마드리드에서 열린 이식회의에서 황제푸가 한 연설에서 엿볼 수 있다. 그 회의에서 황제푸는 4군데 장기이식등록소의 알려지지 않은 정보를 선택적으로 공개하였다. 역사적인 정보는 이전에 알려진 것과 일치하였고, 업데이트된 새로운 정보 몇 가지를 알게 되었다. 그리고 그 연설 몇 달 뒤에 우리의 책이 발간되었다.

그 연설에는 내부적 모순이 있어서 완전히 신뢰할 수는 없다. 황제 푸는 슬라이드쇼를 보여주었는데, 그중 하나는 지난 10년 동안 중국에서 실시한 신장과 간 이식 숫자에 대한 것이었다. 두 번째 슬라이드에서 그는 2003년부터 2009년까지 살아 있는 사람의 기증과 사체 기증에 의한 신장 이식을 보여주었다. 이 자료는 살아 있는 사람이 기증한 경우와 무심장박동 기증을 합한 것이었다. 2003년부터 2009년까지의 신장 이식 총 숫자에 관한 두 개의 슬라이드를 보여준 것인데 그 두 슬라이드는 서로 다른 정보를 가지고 있었다.

첫 번째 슬라이드에서는 2009년도에 신장 이식이 6,458건 있었다고 하였고, 두 번째 슬라이드는 6,485건이라고 하였다. 아마도 5자와 8자를 바꿔 쓴 것 같다. 근본적인 숫자를 확인할 수 없으므로 우리는 어느 것이 옳은지 모른다.

2008년도 자료를 보면 두 개의 슬라이드 모두 6,274건이라고 되어 있다. 이것은 우리가 서로 다른 종류의 데이터를 다루고 있지 않다는 것을 보여준다는 점에서 유용하다.

2007년도 자료를 보면 첫 번째 슬라이드에서는 7,700건이고 두 번째 슬라이드에서는 3,974건이다. 차이가 큼에도 불구하고 아무런 설명이 없다.

2006년도 역시 차이가 크다. 첫 번째 슬라이드는 8,000건이고 두 번째 슬라이드는 3,021건이다. 2005년도 이와 비슷하게 첫 번째 슬라이드는 8,500건이고 두 번째 슬라이드는 3,441건이다. 2004년도는 놀랍게도 첫 번째 슬라이드는 1만 건이고 두 번째 슬라이드는 3,461건이다. 2003년도는 첫 번째 슬라이드는 5,500건이고 두 번째 슬라이드는 3,171건이다.

첫 번째 슬라이드에 나온 2007년 이전의 숫자는 대략의 것으로 보이고, 두 번째 슬라이드에 나온 숫자는 정확한 것이므로, 두 번째 슬라이드에 나온 2007년 이전의 숫자들은 총합이 아닌 부분집합의 숫자인 것으로 보인다. 첫 번째 슬라이드는 추정치로 보인다. 두 번째 슬라이드의 숫자는 두 번째 슬라이드의 집계표를 만들기 위하여 필요한 정보들을 제공해주는 신장 이식에 관한 보고들의 부분 총합인 것으로 보인다.

황제푸의 두 번째 집계표는 살아 있는 사람의 기증과 사체 기증을 별도의 항목으로 보여주는 것이다. 따라서 이를 구별하지 않은 정보는 두 번째 집계표를 만들기 위해서는 의미가 없는 것이므로 제외되었을 것이다.

다시 말하지만 황제푸는 이러한 것들을 말하지 않았다. 그는 집계표의 근거 데이터는 숨긴 채 태평스럽게 모순된 정보들을 보여준 것이다.

여기에서의 분석이 옳은 것이라면 첫 번째 집계표의 더 큰 숫자의 총합이 더 옳은 것이 된다. 더 큰 숫자의 총합이 장기의 출처를 설명하는 데 더 필요하다. 세상에 2004년 한 해에 1만 개의 신장과 2,265개의 간이 어디에서 나왔단 말인가? 살아 있는 기증자에게서 나온 것은 아니었다.

황제푸가 보여준 다른 집계표는 살아 있는 사람의 기증과 사체 기중에 의한 간 이식이다. 그 집계표는 2007년부터 시작된 살아 있는 사람의 기증 숫자에 중요한 변화를 보여준다. 살아 있는 사람의 기증을 받은 간 이식은 2007년에 23.5퍼센트이고, 2008년에는 19.1퍼센트, 2009년에는 13.6퍼센트이다. 그런데 2004년에는 단 4퍼센트만이 살아 있는 사람의 기증이다.

황제푸는 신장 이식에 관하여서는 비교 수치를 보여주지 않았다. 나는 그것이 그 숫자들이 결코 보기 좋은 것이 아니기 때문이라고 추측한다. 신장 이식은 최근 몇 년 사이에 간 이식의 3배 이상이 되었다.

가장 그럴듯한 가정은 살아 있는 간 기증자의 숫자와 마찬가지로, 살아 있는 신장 기증자도 어느 해나 그 숫자가 고정되어 있을 것이라는 것이다. 그것은 살아 있는 신장 기증자 비율이 살아 있는 간 기증자 비율의 3분의 1 또는 그 이하일 것이라는 의미이다.

황제푸의 발표 원고에 따르면 살아 있는 사람의 기증은 "관련이 있거나 친척인 수여자"에게 이루어진다. 이것은 매우 위태로운 중국의 장기 기증 시스템을 고려하면 놀라운 일이 아니다. 장기가 필요한 사람을 위해 가족 구성원에게 장기를 기증하도록 설득하는 것은 기증에 대한 문화적 거부감을 극복하는 하나의 방법이며, 그것은 중국에서 성공적인 방법이 될 것으로 보인다. 그것은 진정으로 노력한다는 전제 아래, 다른 방법들도 효과를 낼지 알아보는 지표이기도 하다.

황제푸는 발표 중에 초기의 장기 이식이 어떻게 해서 규제되지 않은 사업이었는지를 언급하였다. 그가 이것을 직접적으로 밝히지는 않았으나 종합해서 해석하면 이렇다. 이식 사업에 뛰어든 병원은 얻을 수만 있다면 출처를 가리지 않고 장기를 취득하였다는 것이다. 이런 상황에서는 믿을 만한 통계를 얻는 것이 당연히 어려우므로 그 숫자는 추정치가 될 수밖에 없다.

2007년 5월 1일 발효된 법률은 이식 수술은 반드시 등록된 병원에서만 할 수 있다고 규정하고 있다.[14] 그 법률에 따라 병원에 대한 등록 시스템이 구축되었다. 우리가 2008년과 2009년의 통계로 본 숫자는 아마도 그와 같이 등록된 병원에서 나온 것일 테고, 그래서 두 개의 슬라이드에 정확한 숫자로 나왔을 것이다. 2009년부터는 추정이 필요없어진 것이다.

다섯 번째 변화는 사형 선고의 변화이다. 최고인민법원 부원장인 장쥔(張軍)은 2011년 1월에 중국의 최고인민법원은 불법적으로 수집된 증거에 의한 하급심의 사형 선고는 파기할 것이라고 말하였다. 그는 사형 선고를 제한하고, 지방법원에 대하여 증거를 좀 더 철저하게 조사할 것을 요구하기 위한 것이라고 말하였다.[15]

전국인민대표상임위원회는 2011년 형법을 개정하여 사형에 처할 범죄의 수를 68개에서 55개로 줄였다. 그리고 "예외적으로 잔인한" 살인을 저지른 경우를 제외하고는 재판 당시의 나이가 75세 이상이면 사형 선고를 내리지 않기로 하였다.[16] 이 개정된 법은 5월 1일에 발효되었다.

최고인민법원은 2011년 5월 연간 보고서에서 "극히 심각한 범죄"를 저지른 "매우 적은 수"의 범죄자들에게만 사형이 선고되었다고 밝혔다. 중국의 법원들은 즉각적인 사형 집행이 요구되는 경우가 아니라면 집행을 2년간 유예한다고 한다. 법이 허락하는 한 사형을 유예할 수 있다는 것이다.

사형 집행의 감소는 이미 하나의 추세가 되었다. 가장 의미 있는 변화는 2007년 1월 1일부터 모든 사형 선고는 최고인민법원의 승인을 얻어야만 한다는 점이다. 이것은 사형 선고를 약 30~40퍼센트 줄이는 효과를 가져왔다.

인권의 관점에서 사형의 감소는 반가운 것이다. 그러나 사형 감소가 파룬궁 수련생의 장기를 적출하기 위한 살인의 증가로 이어지는 상황에서는 더 이상 반가울 수 없을 것이다. 살아 있는 사람의 장기 기증이 증가하면서 동시에 사형이 감소하기는 하였으나, 살아 있는 사람의 기증 증가가 사형 감소에는 훨씬 미치지 못하기 때문이다.

《블러디 하베스트》 발간 이후의 여섯 번째 발전은 에단 구트만과 자야 깁슨Jaya Gibson의 작업이다. 그들의 작업은 2010년 6월에 발표되었고[17] 이 책의 다른 장에서 좀 더 상세하게 논의하고 있는데, 바로 양심수의 장기 적출 및 살인이 파룬궁 수련생뿐만 아니라 티베트인, 동방의 빛 가정기독교인, 위구르인 등에 대하여서까지 자행되었다는 것을 알려주고 있다. 그들은 이와 같은 정보를 구금소에서 탈출하여 중국을 빠져나온 사람들을 인터뷰하여 어렵게 얻어냈다. 인터뷰에 응한 사람들은 파룬궁 수련생들이 겪었던 것과 같은 종류의 혈액검사와 장기 검사를 받았다고 하였다.

이러한 사실은 이식 건수와 사형 건수의 차이를 단지 파룬궁 수련생 희생자의 수로만 해석할 수 없음을 의미한다. 공급처의 일부는 파룬궁이 아닌 다른 희생자 그룹일 수도 있을 것이다.

일곱 번째 변화는 2011년 7월 《미국 의사협회 저널》에 중국 군대, 즉 중국인민해방군 소속의 스빙이(石炳毅)와 천리핑(陳立平)이 중국의 장기 이식에 관한 공산당의 기괴한 선전문을 발표한 것이다. 그 평론의 제목은 '중국에서의 장기 이식 규율: 어려운 탐색과 느린 진전'이다.[18]

그 평론은 의료 윤리를 위반했다. 왜냐하면 세계이식협회 윤리위원회의 중국 장기 이식 프로그램에 관한 성명은 다음과 같이 말하고 있다. "사형수들에게서 나온 장기나 조직을 이식받은 사람에게서 나온 데이터나 샘플을 포함하는 연구 발표는 허용되지 않는다."《간 이식Liver Transplantation》의 편집자와 부편집자는 "우리 잡지에 실리는 간 이식 임상 결과를 다룬 글은 사형수나 돈을 받고 장기를 판매한 사람에게서 나온 장기의 사용을 명시적으로 배제하여야 함을 결정"하였다고 썼다.[19] 그러므로, 위 평론의 출간은 이러한 기준을 위반한 것이었다.

여기에 더하여 공동 저자 중의 한 명인 스빙이는 공산당의 요구에 따라 장기 적출과 관련한 그의 이전 진술과 모순되는 진술을 한 전력이 있다. 스빙이 박사는 2006년 3월 〈헬스 페이퍼 넷Health Paper Net〉에 올라온 한 글에서 2005년까지 약 9만 건의 이식이 있었다고 말하였다.[20] 그 부분을 번역하면 다음과 같다.

> 스빙이 교수는 지난 10년 동안 중국에서 장기 이식이 급속히 성장하였다고 한다. 장기 이식의 유형은 매우 광범위해졌는데, 여기에는 신장, 간, 심장, 췌장, 폐, 골수, 각막 등이 포함된다고 한다. 지금까지 전국적으로 9만 건이 넘는 장기 이식이 있었는데, 작년 한 해에만 1만 건에 가까운 신장 이식과 약 4,000건의 간 이식이 수행되었다고 한다.

데이비드 킬고어와 나는 우리의 보고서와 《블러디 하베스트》에 이러한 총합 숫자와 글 내용을 인용하였다. 유엔의 고문에 관한 특별 조사위원인 만프레드 노왁은 부분적으로 우리의 보고서와 스빙이의 글에 근거하여 신원이 확인된 장기 출처의 숫자와, 위 장기 이식 총 건수가 차이 나는 이유를 설명해달라고 중국 정부에 요청하였다. 중국 정부는 2007년 3월 19일 자 편지(이는 노왁 교수가 유엔 인권위원회에 2008년 2월 19일에 보고함으로써 발표되었다)에서 다음과 같이 답하였다.

> 스빙이 교수는 절대로 자신은 그와 같은 진술을 하거나 그와 같은 숫자를 언급한 적이 없으며, 그런 주장이나 관련 숫자는 완전히 꾸며낸 것이라고 밝혔다.

홍콩의 봉황위성TV는 영상 다큐멘터리 제작을 위하여 스빙이를 인터뷰하였다. 그 영상에서 스빙이는 중국 정부가 노왁의 질문에 대하여 답한 것을 말했고, 우리가 인용했다고 하는 숫자는 그가 그렇게 가볍게 말할 수 있는 것이 아니라고 하였다. 그는 군복을 입고 있었는데, 아마도 명령 받은 대로 말하는 것일 터이므로 그의 말을 진지하게 받아들일 필요가 없을 것이다. 그는 거기에서 다음과 같이 말하였다.

> 나는 그와 같은 진술을 한 적이 없다. 왜냐하면 그 숫자들에 대하여 아는 바가 없기 때문이다. 나는 어느 해에 얼마나 많은 이식이 이루어졌는가 하는 주제에 대하여 자세히 조사한 적이 없다. 따라서 보여줄 아무런 숫자도 가지고 있지 않고, 여기에 대하여 말할 수 없다.

그러나 원래의 출처인 〈헬스 뉴스 네트워크Health News Network〉의 글은 2008년 6월까지 중국 웹사이트에 그대로 남아 있었다. 지금은 없어졌지만 말이다. 그 정보는 스빙이가 이를 부인하던 바로 그 시점에도 인터넷을 통해 중국 전역에서 이용 가능했다.

따라서 우리는 《미국 의사협회 저널》에 발표된 스빙이의 평론은 혐오스럽고 고려할 만한 가치가 없는 것이라고 결론짓지 않을 수 없다. 그럼에도 불구하고 거기에는 다른 데이터와 일치하는 데이터들이 포함되어 있다.

그 평론은 심장사 이후의 기증 시스템 시범 사업이 진행된 11개의 도시에서 "200명이 넘는 개인들"이 그들의 장기를 기증하기로 자원하였는데, "2011년 5월 말까지 단지 63명만이 기증할 수 있었다"고 적고 있다. 저자의 말대로라면 단지 63명만이 그 기간에 "죽을 수 있었다"는 것인데, 참으로 괴이한 발상이다. 뼛속까지 공산당원인 사람이어야만 무능하더라도 살아 있을 수 있다고 말할 수 있는 것이 아닐까? 어찌 되었든 그 평론은 장기 공급원으로서의 기증 시스템은 통계적으로 무의미하다는 점을 분명히 확인해주었다.

여기에서 우리는 무엇을 얻을 수 있는가? 우리의 건수 4만 1,500은 파룬궁 박해가 시작되기 전과 시작된 후의 이식 숫자를 비교하여 얻어낸 것이다. 가장 신뢰할 수 있는 사형 건수는 국제앰네스티를 통하여 얻을 수 있다. 비록 그것이 언론의 보도에만 의지한 것이어서 실제보다 낮게 계산되었을 것이 거의 확실하고 매년 총합의 지표로 사용하기에는 불충분하지만, 다년간의 추세에 대한 지표로 사용하기에는 믿을 만하다고 하겠다. 국제앰네스티의 자료에 따르면 파룬궁 박해 전과 후의 다년간 사형 집행 평균 건수는 일정하다. 파룬궁 박해 전과 후의 이식 건수의 차이는 바로 파룬궁 수련생에게서 적출한 장기의 숫자와 연관된다고 설명하는 것이 합리적일 것이다.

다른 방법론적인 접근은 조사자 리H. Li가 사용한 것으로, 사형 집행의 최대 추정치에서부터 작업을 하는 것이다.[21] 그가 언급한 최대 추정치는 2004년 발표에 의하면 매년 1만 건이다. 이것은 전국인민대표대회 대표인 천중린(陳中林)에게서 나온 수치이다. 그는 다른 사람들과 함께 최고인민법원이 내린 사형 선고를 검토하고[22] 그리고 2007년의 개혁이 어떻게 되었느냐고 문제 제기했다.

천중린은 그의 추정치가 공식적인 것은 아니고 집계표에 의한 것이라는 점을 분명히 하였다.[23] 다르게 말하면, 그가 옹호하는 개혁에 도움이 되게 하려고 가능한 한 높은 수치를 추정했을 것이라는 의미이다. 어찌 되었건 천중린의 주장을 액면 그대로 받아들인다고 하더라도 그가 옹호하는 개혁이 수행되었을 당시 사형 집행 건수가 7,000으로 감소하였다는 것이다. 왜냐하면 그들은 사형 집행의 숫자를 최소한 30퍼센트 감소시켰다고 하기 때문이다.

사형 집행의 숫자를 정확히 알 수 없기 때문에, 이식의 숫자를 뒷받침하는 사형 집행의 숫자를 계산하는 방법을 사용해볼 수 있다. 그 숫자는 우리가 가지고 있다. 사형 집행 건수는 이식 건수의 배수에 이를 것이다.

그렇게 추정하는 첫 번째 이유는 전국적인 장기 분배 시스템이 부재하기 때문이다. 개인 병원은 개인이 운영하는 감옥을 수배하여 장기를 구할 것이고, 그러므로 장기가 분배되지 않을 것이다.

두 번째 이유는 한 기증자에게서 나온 여러 장기를 수여자에게 동시에 이식할 수는 없다는 것이다. 중국 이외의 지역에서는 수여자가 기증자를 기다린다. 그러나 중국에서는 장기 공급자가 환자를 기다린다. 환자가 준비되기만 하면 장기 공급자는 살해당하는 것이다.

이식을 위한 대기 시간이 그토록 짧고 국가적인 장기 분배 시스템이 존재하지 않기 때문에, 동일한 기증자에게서 나온 여러 장기를 한 사람의 수여자에게 사용하려면 그 수여자와 협조하는 것이 필수적일 것이다. 그러나 우리가 인터뷰한 경우에서 그런 협조는 찾아볼 수 없었다.

세 번째 이유는 중국 정부가 기증자의 동의를 요구한다는 것과 연관되어 있다. 동의를 받았다는 증거가 없는 경우라고 하더라도 실제로 사형수가 동의를 한다는 중국 정부의 주장을 액면 그대로 인정해 주도록 하자. 그 후 1년이 넘게 시행되고 있으나 실패로 드러난 국가 기증 시스템을 떠올리도록 하자.

앞에서 지적한 바와 같이 11개의 도시에서 1년 동안 37명의 동의가 있었다는 신문 보도가 있었다. 《미국 의사협회 저널》에 실린 글은 2011년까지 200건의 동의가 있었음을 보여주고 있다. 이와 같은 낮은 동의율은 기증에 대한 문화적인 거부감 탓이라고 할 것이다. 그러나 중국에서 사형을 선고받은 수감자들 역시 다른 중국인과 같은 문화를 공유하고 있으므로, 마찬가지로 기증에 대한 거부감이 있을 것이다. 그러므로 감옥 밖에서의 낮은 동의율에 비하여 수감자들의 자유로운 동의율이 훨씬 높다는 사실을 그대로 믿기 힘들다.

따라서 우리에게는 다른 선택의 여지가 없다. 감옥 밖에 있는 사람들의 동의와 마찬가지로 사형을 선고받은 죄수의 동의 역시 통계적으로 의미가 없을 정도로 적거나, 또는 죄수의 동의라는 개념 자체가 공산당의 선전 이상의 의미가 없는 엉터리라는 것이다.

감옥이라는 환경과 처형이 임박해 있다는 현실은 뜻밖의 동의를 유도할 수도 있다. 그러나 감옥 밖보다 감옥 안의 동의율이 높다는 것은 강제적인 동의를 뜻하는 것이지, 결코 진정한 동의를 뜻하는 것은 아니다. 또한 감옥의 강압적인 환경이 일반인들에 비하여 높은 동의율을 유도한다고 할지라도, 일반인들의 기증에 대한 반감을 고려한다면 100퍼센트에 가까운 동의율은 믿기 어렵다. 기증에 대한 중국의 문화적인 반감을 고려했을 때, 심지어 감옥이라는 환경 아래 있을지라도 상당히 많은 죄수들이 명목상으로도 동의하지 않을 것이다.

사형 건수가 이식 건수의 배수가 될 것이라고 추정하는 네 번째 이유는 중국의 형사소송법에 따르면 사형 선고 7일 후에 사형을 집행해야 하기 때문이다.[24] 또한 중국의 형사소송법은 주사나 총살에 의한 처형을 인정하고 있다.

데이비드 킬고어와 내가 인터뷰한 환자들의 말에 따르면 처형된 수감자들에게서 장기가 나오는 경우에는 7일 규정이 지켜지지 않는다는 사실을 알 수 있었다. 왜냐하면 그 규정이 지켜지고 있다면, 장기를 이식받을 환자들은 적어도 7일이 지나야 이식이 가능하다는 통지를 받을 것이고, 특정한 날에 장기를 이용한 이식이 가능하다는 말을 들을 것이기 때문이다. 그러나 환자들이 병원에서 들은 이야기는 이와 달랐다. 환자들은 어느 때고 환자의 필요에 따라 장기를 제공받을 수 있다는 말을 듣는데, 이는 병원들이 웹사이트에서 선전하는 것과 같은 내용이다.

보편적이지는 않더라도 처형에 관한 7일 규칙이 지켜지고 있다고 보는 것이 합리적일 것이다. 그렇다면 사형이 집행되는 수감자들 가운데 상당수의 장기가 이식에 사용되는 것은 아님을 의미할 것이다.

아무리 중국과 같이 법의 지배라는 개념이 없고, 독립적인 사법부가 없으며, 자유로운 언론이 없고, 민주주의가 없으며, 인권을 지키려는 사람이 탄압받는 나라라고 하더라도, 적법성에 대한 가능성은 있을 것이다. 그러나 부패가 비록 완전히는 아닐지라도 그러한 적법성에의 가능성을 잠식하고 있다.

사형을 선고받은 수감자의 장기를 취득하여 이식에 사용함으로써 돈을 벌 수 있는 기회가 있다고 해보자. 부패가 퍼져 있다면 7일 규정이 무시될 가능성이 생긴다. 그렇다고 하더라도 최소 일부 중국 공무원들은 부패하지 않았다고 가정하는 것이 합리적일 것이다.

처형 건수가 이식 건수의 배수가 되는 다섯째 이유는 처형의 형식과 관련이 있다. 2006년까지 대다수의 사형수들은 총살에 의해 처형되었다. 2006년 〈유에스에이 투데이 USA Today〉의 기사[25]에는 중국사회과학원 사형 연구원인 류런원(劉仁文)의 다음과 같은 말이 인용되었다. "(처형의) 대다수는 아직도 총살에 의한 것이다. …… 그러나 최근에는 주사의 사용이 늘어서 약 40퍼센트에 이른다."

2008년 1월까지 총살에 의한 처형이 보편적이었다. 그 달에 최고인민법원 부원장인 장싱창(姜興長)은 〈차이나 데일리〉에 사망 유도 주사가 총살 대신 확대되고 있다고 말하였다.[26]

총살을 당한 시신은 거의 즉시 장기 부패가 시작되므로 이 경우 이식을 하려면 곧바로 장기 적출을 해야 할 것이다. 그런데 주사로 처형을 하면 장기 적출을 하는 시간을 벌어준다. 우리가 확보한 상당히 많은 증언들은 (중국이 장기 이식을 막 시작했을 때를 제외하고) 장기를 적출하는 경우에는 총살이 아닌 주사를 사용한다고 진술하고 있다. 총살의 경우는 장기가 곧바로 부패하기 시작하고, 장기 적출을 위한 장소를 찾기 어렵다는 등의 이유로 장기 이식을 위한 공급원이 될 수 없기 때문이다.

여섯째 이유는 공급자와 수여자 사이의 혈액형과 조직 유형의 적합성에 대한 요구이다. 모든 공급자가 모든 환자에 대하여 장기를 제공할 수는 없다. ABO 체계하에서는 A, B, AB, O의 4가지 혈액형이 있다. Rh 체계에서는 Rh+와 Rh-라는 2가지 혈액형이 있다. 중국에서 ABO 혈액형의 분포는 A형이 27퍼센트, B형이 26퍼센트, AB형이 12퍼센트, O형이 35퍼센트이다.[27] 또 Rh+형이 99.67퍼센트, Rh-형이 0.33퍼센트이다.

중국 내의 장기 공급자, 환자의 혈액형 분포는 사형수의 혈액형 분포와 일치할 것이다. 그러나 이식을 위하여 중국으로 여행을 온 외국인과는 혈액형 분포가 일치하지 않는다.

만약 환자의 혈액형이 AB Rh-라면 이에 맞는 사형수를 찾기 위해서는 통계적으로 1,200명 이상의 사형수가 필요하다. 장기의 획득은 지역적으로 이루어지기 때문에, 지역 병원과 연결되어 있는 각각의 구금 센터는 그들의 장기 공급처라고 할 수 있는 처형을 기다리는 사형수들 그룹을 가지고 있다. 중국의 주요 감옥들에서 사형 선고를 받고 처형을 기다리는 수백 명의 죄수들이 언제나 있다는 생각은 우리가 살펴본 경험과는 상반된다.

유엔의 고문에 관한 특별조사위원인 만프레드 노왁은 2005년 11월 중국을 방문하였을 때[28] 1심에서 사형 선고를 받고 항소를 기다리는 사람은 감옥에서 보았으나, 사형 선고를 받고 그 처형을 기다리는 사람은 볼 수가 없었다. 그는 그 까닭을 물었고, 더 이상 항소할 수 없는 사형 선고를 받은 모든 죄수는 곧바로 처형된다는 대답을 들었다.

사형 건수가 이식 건수의 배수가 되는 일곱째 이유는 이식을 불가능하게 하는 혈액 질병의 존재 때문이다. 가장 많은 예는 B형간염인데, 중국에서 매우 흔한 질병이다. 한 연구는 중국인의 50~60퍼센트가 B형간염 표지자marker를 가지고 있다고 추정하였다.[29] 다른 연구는 중국 4개의 도시를 조사한 결과 감염률이 62.6퍼센트에 이른다고 보고하고 있다.[30]

만약 이 마지막 이유만을 독자적으로 놓고 본다면, 100명의 이식 환자를 위하여 267명의 사형수가 필요하다는 것이다. 다른 요소들까지 고려한다면, 그 비율은 대략 10대 1이 될 것이다. 다시 말해서 1년에 1만 건의 장기 이식이 이루어진다면, 장기의 유일한 공급처가 사형 선고를 받고 처형된 죄수들이라는 가정 아래 1년에 10만 건의 처형이 있어야 한다는 것이다.

물론 살아서 장기를 기증하는 사람들이 증가하는 것도 고려하여야 할 것이다. 그런데 다른 한편으로 처형의 숫자 또한 줄어들고 있다는 것도 고려하여야 한다.

결론적으로 말하자면, 현재의 이식 비율을 유지하는 데 필요한 사형 선고를 받고 처형될 수감자의 숫자는 중국의 사형 집행 절차뿐 아

내 추측으로는 중국에서 매년 1만 건의 이식이 있는데, 그중 1,000건은 사형 선고를 받고 처형되는 수감자에게서, 500건은 살아 있는 기증자에게서, 500건은 티베트인이나 위구르인 또는 가정기독교인에게서, 나머지 8,000건은 파룬궁 수련생들에게서 나온 장기에 의한 것이다.

니라 중국에서의 사형 추정치를 고려하였을 때 너무나도 부족한 숫자이다. 그러므로 반드시 그 밖의 다른 장기 공급처가 있어야 가능하다는 뜻이다. 그렇다면 다른 공급처는 무엇인가?

티베트인, 위구르인, 동방의 빛 가정기독교인 등 에단 구트만과 자야 깁슨이 확인한 공급처로는 필요한 숫자를 결코 충족시킬 수 없다. 위구르인이나 티베트인은 중국의 특정한 지리적 위치에 묶여 있는 것이지 중국 전역에 퍼져 있지 않다. 가정기독교인의 경우는 구금 비율이나 탄압의 정도에 있어서 파룬궁에 비할 바가 못 된다. 파룬궁 수련생인 수감자들은 중국의 대규모 장기 이식을 위한 장기 공급처일 가능성이 가장 높다.

이러한 맥락에서 숫자는 추측할 수밖에 없다. 내 추측으로는(그 추측이 정확한지는 알 수 없다 하더라도) 중국에서 매년 1만 건의 이식이 있는데, 그중 1,000건은 사형 선고를 받고 처형되는 수감자에게서, 500건은 살아 있는 기증자에게서, 500건은 티베트인이나 위구르인 또는 가정기독교인에게서, 나머지 8,000건은 파룬궁 수련생들에게서 나온 장기에 의한 것이다.

위와 같이 추정한다고 하더라도, 그 숫자를 증명할 책임이 나에게 있다고 할 수는 없다. 그 책임은 도리어 그 숫자를 제공하고 있는 중국 정부에 있다. 현재의 상황은 사형 선고를 받고 처형되는 수감자에게서 장기를 취득하는 것 이상의 범죄 행위가 벌어지고 있다고 짐작하게 한다.

이식 장기의 공급원은 반드시 투명하고 추적 가능하여야 한다. 중국 정부는 장기의 거의 대부분이 수감자들에게서 나온다는 것을 인정하고 있다. 그런데 무엇이 정확한 숫자들을 제공하지 않고 숨기게 만드는가? 파룬궁 수련생과 기타 양심수를 장기 적출을 위하여 살해하고 있다는 사실을 숨기려고 한다는 것이 설득력 있는 답일 것이다.

동의가 있었다는 주장은 그것이 사형 선고를 받은 수감자들의 경우에는 설득력이 없으며, 더 나아가 무고한 사람의 경우라면 더욱 있을 수 없는 주장이다. 장기 적출을 위하여 무고한 사람을 죽이는 것은 살인 행위이다. 장기 적출을 위하여 양심수를 죽이는 것은 반인륜적인 범죄 행위이다.

반인륜 범죄자는 자신의 범죄를 감추기 위해 필사적으로 노력한다. 숫자에 대한 비밀은 바로 반인륜 범죄를 감추기 위한 것으로 보일 뿐이다.

1   www.organharvestinvestigation.net.

2   8장 참조.

3   The Congressional Executive Commission on China Annual Report, 2006, p. 59, note 224, p. 201: "Organ Transplants: A Zone of Accelerated Regulation," *Caijing Magazine* (Online), November 28, 2005.

4   http://news3.xinhuanet.com/english/2006-11/16/content_ 5335427.htm.

5   http://press.thelancet.com/chinaorgan.pdf.

6   "Tomorrow's Organ Transplantation Program in China," Presentation delivered at the Madrid Conference on Organ Donation and Transplantation, Madrid 2010, by Prof. Huang Jiefu, Vice Minister of Health, P.R.C.

7   Laogai Handbook 2007-2008 page 18 at http://laogai.org/system/files/u1/ handbook2008-all.pdf.

8   간이식등록소(Liver Transplant Registry), www.cltr.org, Queen Mary Hospital, The University of Hong Kong, Hong Kong.

9   https://www.cltr.org/en/transplantcenters.jsp.

10 신장이식등록소(Kidney Transplant Registry), www.csrkt.org.

11 PLA No. 309 Hospital, Beijing, 심장이식등록소(Heart Transplant Registry), www.cotr.cn, effective from April 2010, Fuwai Cardiovascular Hospital, Chinese Academy of Medical Sciences, Beijing.

12 폐이식등록소(Lung Transplant Registry), www.cotr.cn, effective from April 2010, Wuxi People's Hospital, Wuxi.

13 Han Manman "Organ donor pilot a failure after one year," March 18, 2011 http://www.beijingtoday.com.cn/feature/organ-donor-pilot-a-failure-after-one-year.

14 Regulations on Human Organ Transplant.

15 People's Daily, October 1, 2011.

16 China at www.handsoffcain.info.

17 Ethan Gutmann, "China's Policies Toward Spiritual Movements" Congressional-Executive Commission on China, Roundtable discussion, Friday, June 18,

2010; Julia Duin, "China accused of vast trade in organs," *Washington Times,* April 27, 2010

18 Issue of July 27, 2011, Vol 306, No. 4.

19 Issue 13:182, 2007.

20 http://www.transplantation.org.cn/html/2006-03/394.html (Health Paper Net 2006-03-02) Archived page:http://archive.edoors.com/render.php?uri=http%3A%2F%2Fwww.tansplantation.org.cn%2Fhtml%2F200603%2F394.html+&x=32&y=11.

21 Forced Organ Harvesting in China.

22 "China executes 10,000 people a year - NPC delegate," AFP March 15, 2004.

23 Amnesty International "Executed, according to law? - The death Penalty in China."

24 제211조.

25 Calum MacLeod "China makes ultimate punishment mobile", June 14, 2006.

26 謝傳嬌: 〈中國將擴大注射死刑的使用〉, 《中國日報》, 2008년 1월 3일 자.
http://vww.chinadaily.com.cn/cndy/2008-01/03/content _6366317.htm.

27 http://answers.yahoo.com/question/index?qid=20081004023622AAepoS.

28 Report of the Special Rapporteur on torture and other cruel, inhuman or degrading treatment or punishment, Manfred Nowak, Mission to China, UN Document number E/CN.4/2006/6/Add.6, 10 March 2006.

29 "Prevalence of Serological Hepatitis B Markers in a Working Population in Hefei, China," *Asia Pacific Journal of Public Health* vol. 1 no. 4 (October 1987): 28-33.

30 "Hepatitis B Virus Prevalence in Industrialized Cities in China," *Asia Pacific Journal of Public Health* vol. 5 no. 4 (October 1991): 350-358.

장기 약탈에 관한 생생한 증언들

■

방장의 말을 듣고 나서 L은 사형 선고를 받은 죄수들의 장기가 이식을 위하여 약탈된다는 것을 알게 되었다. 처형 날짜는 인근의 병원과 상의하여 정해지며, 정확한 시간은 이식이 필요한 때로 정해진다. 팔려간 장기 대금은 병원과 감옥의 간수들이 50 대 50으로 나누어 갖는다.

장기 약탈에 관한 생생한 증언들

데이비드 킬고어, 잔 하베이

5,000년이 넘는 중국의 오랜 문명은 전 세계에 많은 것을 가져다주었고, 이는 세계적으로 존경받아 마땅한 일이다. 중국인들은 국내외의 거의 모든 분야에서 두각을 나타내고 있다.

그러나 이 글은 유럽의 레닌주의를 수입한 중국 공산당의 행위와, 1949년 권력을 장악한 이래로 실시되고 있는 공산당 통치 유형에 초점을 맞추고자 한다. 공산당의 '적'으로 간주되는 개인과 단체를 목표물로 하여 자행된 조직적인 학살은, 상업적 이식을 목적으로 파룬궁 수련생의 장기를 강탈하는 데에서 그 극단을 보여주고 있다.

공산당은 독재 정치를 유지하거나 강화하기 위하여 일련의 캠페인을 벌여왔다. 1950년대부터 10년도 안 되는 주기로 '반혁명'으로 낙인 찍힌 일단의 민중들에 대하여 폭력 행사가 자행되었는데, 이를 주도

한 것은 바로 당과 국가였다. 여기에는 대약진 운동(마오쩌둥이 이끈 농업 정책으로, 이로 인해 1959년부터 1961년까지 2,500만~4,000만 명이 기아로 사망했다), 문화대혁명, 1989년의 민주화 운동 탄압, 그리고 가장 최근에는 1999년 중반부터의 파룬궁 탄압 등이 포함된다.

권장에서 박해로

1992년 처음으로 파룬궁의 수련법과 원리가 대중에게 소개되었을 때, 중국 공산당은 파룬궁을 지지하고 그 창시자를 정부 기관에 초청하여 수련법과 원리를 가르치도록 하였다. 또한 파룬궁이 인민의 건강과 도덕성에 널리 이익이 된다며 칭찬하였다.

그러나 파룬궁 수련생들이 늘어날수록 공산당은 큰 위기에 직면하였다. 왜냐하면 일부 당 지도자들이 거대하고 독립적인 단체의 성장을 두려워하였기 때문이었다.

1996년 파룬궁 책들이 베스트셀러가 되었을 때, 정부는 이 책들의 판매를 금지했다.

1990년대 중반의 정부 조사 결과에 따르면 파룬궁 수련생의 숫자가 7,000만 명이 넘는 것으로 추산되었는데, 이는 당시 공산당원의 숫자를 넘는 것이었다. 그러자 국영 방송매체는 파룬궁을 공격하기 시작하였고, 공안당국은 수련생들을 감시하고 괴롭히기 시작했다.

〈미국 뉴스와 세계 리포트U.S. News & World Report〉는 1999년 2월 14일 자 기사에서 중국 정부의 체육계 인사가 파룬궁 수련생은 매년 1,000위

구타, 노동교양소에 감금, 세뇌, 고문은 많은 수련생들에게 일상사가 되었다. 고문 방법으로는 천장에 매달기, 고압 전기봉으로 충격하기, 잠 안 재우기, 굶기기, 성폭행, 강제 낙태, 약물 주사, 강제로 음식물 주입하기 등이 있었다.

안의 건강 비용을 국가에 대하여 절약해준다고 말한 것을 인용하고 있다.[1] 많은 중앙정치국 위원들이 파룬궁에 대하여 잘 알고 있고 많은 당원들이 파룬궁 수련을 하고 있음에도 불구하고, 당 지도자 장쩌민은 급작스레 파룬궁을 뿌리 뽑겠다는 결정을 내렸다.

1999년 7월 20일 파룬궁은 공산당에 의하여 공식적으로 금지되었고, 이렇게 해서 길고도 폭력적인 박해가 시작되었다.

610사무실

610사무실은 파룬궁 수련생들을 박해하기 위하여 특별히 설립된 전담 기구로, 정부 행정기관, 정치기관, 사법기관, 언론, 군대, 경찰 등에 대하여 절대적인 권한을 행사할 수 있다. 공안은 전국에 걸쳐서 수련생들을 체포하고 감금하기 시작하였다.[2]

구타, 노동교양소에 감금, 세뇌, 고문은 많은 수련생들에게 일상사가 되었다. 고문 방법으로는 천장에 매달기, 고압 전기봉으로 충격하기, 잠 안 재우기, 굶기기, 성폭행, 강제 낙태, 약물 주사, 강제로 음식물 주입하기 등이 있었다.

가장 잔혹한 행위는 구금 센터, 노동교양소, 산자락에 있는 고문실 등의 밀실에서 비밀리에 자행되었다. 전체주의 정부가 조직적 인권 범죄에 상시적으로 개입하는 동안, 당은 기자, 학자, 인권 단체 그리고 독립적인 조사자들의 눈으로부터 이를 숨기는 데에 급급하였다.

잔혹 행위를 조사하려고 시도하는 중국 시민들은 직장을 잃거나,

자유 또는 생명을 잃는 위험을 무릅써야 했다. 중국에 있는 외국 기자들은 취재 업무 허가를 잃었다. 외국 언론에 정보를 제공하는 파룬궁 수련생들은 감옥에 갇히거나 고문을 당하거나 혹은 그 이상의 일을 당했다.

1999년 10월, 당 지도자는 이와 같은 억압을 정당화하기 위하여 제멋대로 파룬궁에 '사교(邪敎)'라는 꼬리표를 붙였다.

기자들과 내막을 아는 사람들은 당 지도자이자 국가 주석인 장쩌민이 파룬궁 단체를 '질투'하고 있고, 파룬궁을 없애려는 '강박관념'을 가지고 있다고 묘사하였다. 장쩌민은 국가적 캠페인을 벌여 정치적 권력을 자신에게로 집중시키고, 자신의 권력을 위협한다고 여긴 파룬궁을 제거하려 했다.

파룬궁은 자기 자신을 수련하는 것이고, 수련생들은 정치적으로 관여하려는 뜻이 전혀 없다. 그러나 중국 공산당은 파룬궁의 원칙인 쩐(眞), 싼(善), 런(忍)이 전반적으로 부패해 있는 공산주의 조직에 위협이 된다고 인식하고 있다. 리처드 맥그리거Richard McGregor는 2010년 출판된 저서 《당The Party》에서 1982년부터 "13만~19만 명에 이르는 공무원 가운데 해마다 약 80퍼센트가 부정행위로 당의 징계를 받지만 그중 6퍼센트만이 형사 기소되고, 기소된 공무원 중 단 1퍼센트만이 감옥에 간다"고 서술했다.[3]

대표적인 희생자들

많은 증인들과 파룬궁 수련생의 가족들의 증언에 따르면, 수많은 수련생들이 처형당한 후 장기를 도난당한 채로 가족들에게 돌아온다고 한다. 보통은 가족의 동의도 없이 화장되어 재로 돌아온다고 한다.

결국 석방되거나 도망친 수련생들의 증언에 따르면 그들이 온갖 종류의 신체검사와 혈액검사를 받는다고 한다. 이것은 그들이 늘 의아해하는 것이었다. 왜냐하면 정부 당국이 그토록 수련생들을 비인간적으로 다루면서도 왜 그들의 건강 상태를 그토록 궁금해 하는지 알 수 없었기 때문이다.

천치둥(陳啓東)

L은 중국에서 수감된 적이 있었다. 그는 2008년 7월 데이비드 메이터스를 만나 다음과 같이 진술하였다. 그는 다양한 감옥을 거쳤는데, 평균적으로 20여 명과 함께 같은 감방에 갇혀 있었다. 같은 감방에서 처형된 수감자가 10명이 넘는다고 했다. L은 이런 야만적인 처형에 익숙해졌다고 한다.

처형 며칠 전에는 흰옷을 입은 남자가 와서 사형 선고를 받은 사람의 혈액 샘플을 채취하여갔다. 처형 당일에는 흰옷을 입고 흰 장갑을 낀 남자들 너댓 명이 와서 밖에 대기하고 있는 적십자 표시가 있는 흰색 앰뷸런스로 사형수를 데려갔다. 이 모든 것은 감옥의 창문을 통하여 볼 수 있었다.

한번은 L이 조사를 받던 도중, 사형 선고를 받은 사람 중 한 명이 옆 방에서 목에 주사를 맞고 있었는데, 주사기에 액체가 반쯤 있었다. 한 시간 후에도 그 수감자는 계속 그 자리에 있었는데 주사기는 비어 있었다. L이 조사를 마치고 돌아왔을 때 방장이 말하기를, 그 수감자는 장기가 적출될 때까지 장기를 보존하고 무감각한 상태로 만들기 위해 마취제를 맞고 있는 것이라고 설명해주었다.

방장의 말을 듣고 나서야 L은 사형 선고를 받은 죄수들의 장기가 이식을 위하여 약탈된다는 사실을 알게 되었다. 처형 날짜는 인근의 병원과 상의하여 정해지며, 처형되는 정확한 시간은 이식이 필요한 때로 정해진다. 팔려간 장기 대금은 병원과 감옥의 간수들이 50 대 50으로 나누어 갖는다.

2006년 11월, L은 상하이 근처에 있는 우시(無錫) 시의 제1감옥 311호 감방으로 옮겨졌다. 도착하자마자 그는 간수에게서 죄수 천치둥이 병으로 죽었다는 진술서에 서명하라는 요청을 받았다. 그 간수는 그것을 천 씨의 가족들에게 보여주려고 한 것이다.

천치둥은 원래 311호 감방에 있었던 이로, L이 이감되기 며칠 전에 사망하였다. L은 그를 한 번도 만난 적이 없으므로 그의 사망 원인에 대한 진술서에 서명하기를 거부했다. 그러나 감방에 있는 다른 사람들은 모두 서명하였다.

311호 감방의 방장과 다른 8명의 수감자들이 L에게 무슨 일이 일어났는지를 설명해주었다. 천 씨는 파룬궁 수련생이었는데, 수련을 그만두는 것을 거부하고 감옥 안에서 계속하여 수련을 하였다. 그러자 간수들은 천 씨를 구타하고 고문하였다. 이에 항의하여 천 씨는 음식을 거부하기 시작하였다. 간수는 그의 목구멍에 튜브를 삽입하여 쌀죽을 억지로 부어 넣었는데, 그 쌀죽이 너무 뜨거워서 소화기관이 화상을 입었고 이로 인하여 고열이 발생하였다.

천 씨가 감방을 떠나기 며칠 전, 흰옷을 입은 사람이 도착하여 천 씨의 혈액 샘플을 채취하여갔다. 그가 마지막으로 떠나는 날 흰옷을 입고 흰 장갑을 낀 네 남자가 그를 데려갔다.

같은 감방에 있던 죄수 중 한 명이 그날 심문을 받았는데, 천 씨가 옆방에서 목에 주사를 맞고 있는 것을 보았다고 하였다. 311호에 있던 죄수들은 모두 창문을 통해서 적십자 표시가 부착된 앰뷸런스가 대기하고 있는 것을 보았다. 방장은 L에게 천 씨는 장기가 적출된 것이라고 말하였다.

감옥에 있는 동안 L은 이와 같은 사례들을 두세 건 더 알게 되었지만, 천 씨의 경우처럼 자세하게 알고 있는 것은 아니다. 그러나 다들 유사한 패턴이었다. 파룬궁 수련생들이 전향을 거부하고 감옥에서 계속 명상과 수련을 한다. 간수는 그들을 구타하고 고문하며, 마침내 수련생들은 영구적인 장애를 입는다. 간수는 그들의 범죄 증거를 없애기 위해 수련생들의 장기를 약탈함으로써 어떤 물리적인 증거도 남지 않게 한다.

L의 전체 진술은 다음의 웹 사이트에 있는 메이터스와 킬고어의 보고서에서 확인하기 바란다.

http://organharvestinvestigation.net/events/D_Matas_081408.htm.

천잉(陳穎)

천잉은 난민 신청을 하여 프랑스에 간 파룬궁 수련생이다.

나는 파룬궁에 대한 신념을 버리지 않았기 때문에, 2000년 2월에서 2001년 11월 사이에 사법 절차를 거치지 않고 3차례 수감되었다. …… 매번 나는 경찰로부터 학대받고 고문당했다. 2000년 9월 말 …… 나는 경찰에 붙들려 병원으로 가게 되었고, 거기에서 심장, 혈액, 눈 등에 대한 철저한 검사를 받았다. …… 경찰은 나에게 알 수 없는 물질을 주사하였는데, 주사를 맞자 심장이 비정상적으로 빨리 뛰었다. 주사를 맞을 때마다 심장이 터져버릴 것 같았다.[4]

왕빈(王斌)

왕빈은 파룬궁을 수련할 권리를 베이징의 당국에 호소했다가 체포되었다. 그는 다칭(大慶) 시에 있는 둥펑신춘(東風新村) 노동교양소에 수용되었는데, 극심한 고문을 받아 2000년 10월 4일 그 안에서 사망하였다. 그의 심장은 가족들의 동의 없이 적출되었다.[5]

양루이위(楊瑞玉)

양루이위는 푸젠(福建) 성 푸저우 시의 수련생이었다. 타이장(台江) 구에서 주택건설국 직원으로 일했는데, 2001년 7월 19일 직장에서 어디론가 끌려갔다. 3일 후 그녀는 가혹 행위로 인하여 사망하였다.

그녀가 사망한 뒤에 경찰은 그녀의 가족에게 어떠한 정보도 누설하지 말라고 강요하였다. 그녀의 동료들이 그녀의 시신을 보고자 하였으나 허용되지 않았고, 장례식도 허용되지 않았다. 그녀가 화장터로 옮겨질 때 경찰차가 호위하였으며 도착 즉시 화장되었다. 양 씨의 남편과 딸도 시신을 볼 수 없었다.

양중팡(楊忠芳)

37세의 양중팡은 쓰성(四川) 성 청두 시의 파룬궁 수련생이었다. 2002년 7월 1일 아침 6시에 젠궁(建工) 경찰서의 경찰이 그녀의 집을 포위하고 양 씨와 그의 남편, 아들, 딸을 체포하였다.

구금되었던 양 씨는 그날 밤 구타로 인해 사망하였다. 경찰서에 도착한 그녀의 친척들은 그녀의 시신이 내부 장기가 제거된 후 화장터로 보내진 것을 알게 되었다. 공무원은 "열 가지도 넘는 심각한 질병"으로 그녀가 사망했다고 주장하였다. 매년 실시한 신체검사에 따르면 양 씨는 건강하였다.[6]

중국 각지의 장기 약탈에 관한 연대기적 기록

1984년

시클로스포린(cyclosporine: 장기 이식 때의 거부반응을 예방하는 약)이 소개된 후, 중국은 처형된 수감자의 장기 기증을 허용하는 규정을 실시하였다. '처형된 수감자의 시신 또는 장기의 이용에 관한 규정'에는 "아무도 그 시신을 인수하지 않거나, 처형된 죄수가 자발적으로 시신 이용에 동의하였거나, 가족이 동의한 경우 등에는 처형된 수감자의

시신이나 장기는 적출될 수 있다"고 되어 있다.[7]

무엇이 죽음이라는 형벌을 받을 만한 범죄인가? 국제앰네스티 조사원은 돼지를 훔치는 등의 경미한 범죄에 대하여서도 사형이 집행되는 것을 발견하였다. 국제앰네스티는 그 후 중국 정부가 사형수에게서 나온 장기의 거래를 확대하기 위하여 사형을 실행하고 있다고 주장하였다.

중국에 있는 증인에 따르면 대기하고 있는 환자와 맞는지 검사하기 위하여 수감자들은 정기적으로 검사를 받는다. "한 수감자는 7년 동안 감옥살이를 하면서 셀 수 없이 많은 수감자들이 장기 적출을 위해 의학적으로 준비되는 모습을 보았다고 하였다. 처형 전날까지 감옥의 직원들은 혈액 샘플을 채취하곤 했다."[8]

1990년대

중국의 처형자 수는 중국 이외의 모든 나라들을 전부 합한 것보다 많다.[9] 인권 단체들은 중국의 처형된 수감자들에게서 의심스러운 장기 기증이 이루어진다는 것에 분노하였다.

2000년

오로지 중국만이 이식 수술에 사형수의 장기를 계속해서 사용하였다.[10]

2005년

인민해방군의 이식센터장은 2005년 한 해 동안 약 1만 건의 신장 이식과 4,000건의 간 이식이 있었다고 말했다(1999년에는 4,000건의 신장

이식만 있었고, 간 이식은 없었다).[11]

위생부 부부장 황제푸가 중국에서 이식되는 장기의 95퍼센트가 사형수에게서 나온다고 말한 것이 보도되었다. 이식 숫자는 파룬궁을 금지한 이후 급격히 증가하였다. 그러나 사형 선고와 집행이 실제로 얼마나 늘었는지는 아직도 알 수 없다.

2006년

이식 숫자가 2만 건에 달했다.[12]

3월 9일_ 중국을 조사하는 기자가 중국 지방의 병원에서 의사들이 이윤을 목적으로 감금된 파룬궁 수련생들에게서 장기를 적출하고 있다고 보도하였다. 랴오닝 성 선양 시 쑤자툰 수용소에 수련생이 약 6,000명 있었다. 그곳에는 화장터가 있었고, 어떤 수련생도 살아나오지 못했다. 쑤자툰의 일이 알려지기 전에 여러 증인들이 죽을 만큼 고문당하고 장기가 적출된 많은 수련생들의 시신에 대해 언급했다.[13]

3월 17일_ '애니'라는 다른 증인이 그 기자의 주장이 사실임을 확인하였다. 그녀는 이전에 쑤자툰 병원의 직원이었으며, 그녀의 전남편은 그 병원에서 장기를 적출하는 일에 관여했던 각막 이식 전문의였다. 그녀는 수련생들의 몸에서 간, 신장, 각막, 다른 장기 등을 약탈하고 증거를 없애기 위해 수련생들의 신체를 즉각 소각한다고 밝혔다.

이 범죄를 알림으로써 그녀는 생명을 구하고 전남편이 구원받는 데 도움이 되기를 바랐다. 그녀는 또한 쑤자툰 수용소에서도 이윤을 위해 비인간적인 장기 약탈이 2001년부터 시작되었고, 2003년에는 절정에 달했다고 말했다.

2006년에는 장기 이식이 급격히 증가했다. 신장은 단 며칠, 심장과 간은 몇 주만 대기하면 이식을 받을 수 있었다. 장기 이식 건수가 급격히 증가하고, 대기 시간이 짧다는 것은 살아 있는 장기은행이 있음을 암시한다. 해마다 중국에서 행해지는 장기 이식 건수는 자발적인 장기 기증과 사형수의 수를 합한 것을 훨씬 웃돈다. 당의 제1의 적으로 간주되는 파룬궁 수련생의 상당수가 장기 공급의 출처라고 의심된다. 전화로 연락한 어떤 의료계 직원은 그 장기들이 살아 있는 파룬궁 수련생들에게서 나온 것임을 인정하였다. 거기에는 경찰, 수용소, 법원, 의사 등으로 이루어진 돈이 오가는 거대한 네트워크가 있었다.[14]

3월 27일_ 중국 공산당은 '인간 장기 이식의 임상적 사용과 운용에 관한 잠정적인 규정'을 7월 1일부터 시행한다고 발표하였다.

이 새로운 법은 장기 제공을 할 때는 서면으로 동의받을 것을 요구하고 있다. 그러나 그 동의가 자발적인 것인지 강요에 의한 것인지를 확인할 어떠한 방법도 규정하고 있지 않다. 이 법은 정부가 정한 기준에 따라 의료기관이 환자에게 비용을 부과하여야 한다고 요구하고 있으나, 실제로는 외국인 환자에게 과도하게 청구함으로써 이 조항이 지켜지지 않고 있다.

3월 28일_ 당국은 쑤자툰 수용소의 존재를 부인하는 성명을 발표하였다. 그리고 국제사회의 구성원들을 초청하여 쑤자툰에 있는 혈전증 전문 병원을 참관시켰다.

3월 31일_ 세 번째 증인이 쑤자툰에서 있었던 일을 확인하였다. 그는 자신을 경험이 많은 군의관이라고 소개하였고, 실명은 밝히지 않았다. 그는 쑤자툰과 비슷한 수용소가 중국 전역에 걸쳐 36곳이 있다고 말했다. 그는 지금 시점에서 쑤자툰을 조사하는 것은 소용없는 일이라고 했는데, 군대가 수천 명을 다른 수용소로 옮기는 일은 하루면 충분하다는 이유에서였다.

그는 장기 약탈의 대상이 된 대부분의 파룬궁 수련생들이 감옥, 노동교양소, 구금 센터에 갇혀 있다고 말했다. 지린(吉林) 성 주타이(九台) 시 한 곳만 하더라도 1만 4,000명 이상의 수련생들이 구금되어 있다. 가장 큰 수용소인 672-S는 12만 명 이상을 수용하는데, 그 가운데 상당수가 수련생이다. 증인은 공산당 정부가 파룬궁 수련생들을 '계급의 적'으로 보고 있다고 말했다. 일반적인 절차와 법은 그들에게 적용되지 않는다. 그들은 경제 발전 요구를 충족시키기 위한 일용품처럼 무자비하게 취급된다.[15]

4월 4일_ '파룬궁 박해 조사를 위한 연합Coalition to Investigate the Persecution of Falun Gung, CIPFG'이 결성되었다. 이 조사 모임은 모든 실마리들을 모아서 노동교양소, 수용소, 병원 등에서 수련생을 박해하고 불법으로 장기를 적출하려고 결탁하고 있는 내부의 이야기들을 폭로하기 위하여 만들어졌다.

후베이(湖北), 상하이, 랴오닝, 베이징, 산시(陝西)에 있는 장기이식 센터에 전화를 걸었다. 그들의 대답에는 하나의 공통점이 있었다. 4월 말 이전에는 기증자가 많을 테지만, 그 이후에는 기증자가 급격히 줄어들 예정이라는 것이었다. 많은 병원들과 이식센터가 서둘러 이식 수술을 하였고, 이는 당이 물질적인 증거와 증인을 모조리 없애기 위해 전력을 다하고 있음을 드러내는 것이다.

4월 13일_ 가오즈성(高智晟)이 '파룬궁 박해 조사를 위한 연합' 가입을 신청하였다.

당국은 만인의 존엄과 법치를 옹호하는 목소리를 계속하여 폭력으로 진압하였다. 그 목소리 중의 하나가 가오즈성이다. 그는 넬슨 만델라와 마하트마 간디의 전통을 이어 세 번이나 노벨평화상 후보에 오른 변호사이다.

한때 그는 베이징 법무부로부터 중국 10대 변호사 중의 한 명으로 평가받은 인물이었다. 기독교인인 그가 파룬궁을 변호하기로 하고 그들에 대한 박해를 문서화하자, 공산당의 밀정들은 화가 나서 어쩔 줄 몰라했다. 탄압이 시작되었고, 그는 국가 전복죄로 유죄 판결을 받았다.

4월 14일_ 지방 공무원의 인솔하에 미국 대표단이 쑤자툰의 시설들을 둘러보고는, 아무것도 발견되지 않았다고 발표하였다. 이것은 하나도 놀라운 일이 아니다. 왜냐하면 쑤자툰에서 잔학 행위가

기 이식에 대하여 동의하였다고 주장한다.

2005년 7월 중국의 위생부 부부장 황제푸는 95퍼센트에 이르는 장기가 처형된 수감자들에게서 나온다고 하였다.[3] 2006년 11월 중순, 남부 도시 광저우에서 열린 외과의사들의 회의에서 그는 다음과 같이 말하였다. "일부 교통사고 사망자를 제외하면, 시신에서 얻는 대부분의 장기는 사형수들에게서 나온 것이다."[4] 2008년 10월 그는 "중국에서 90퍼센트 이상의 이식 장기는 사형수들에게서 얻고 있다"고 말했다.[5] 2010년 3월에는 이렇게 말했다. "사망한 기증자들의 90퍼센트 이상은 사형수들이다."[6]

위에서 보다시피 황제푸는 어떤 경우에는 사망한 기증자가 출처인 경우를 이야기하고, 어떤 경우에는 모든 출처에 대하여 이야기하고 있다. 여기에서 몇 가지 의문점이 생긴다. 얼마나 많은 살아 있는 기증자들이 있는가? 얼마나 많은 사람들이 사형 선고를 받고 처형되는가? 두 번째 질문에 대한 대답은 그렇게 쉽지 않다. 왜냐하면 국가를 운영하는 중국 정부와 공산당이 이를 국가 기밀에 부치고 있기 때문이다. 우리는 다른 방법으로 추정해볼 수밖에 없다. 데이비드 킬고어와 나는 우리의 보고서와 책에서 장기 이식의 출처가 되는 대규모 수감자들은 파룬궁 수련생들이라는 결론을 내렸다. 그들은 동의 없이, 장기 적출을 위하여 사형 선고도 없이 살해당하고 있는 것이다.

파룬궁은 정신 수양을 기반으로 한 수련의 일종이다. 중국 공산당과 정부는 파룬궁 수련생의 숫자가 급증하자 경계심을 느끼고 1999년에 이를 금지했다. 금지한 또 다른 이유는 고대 중국의 전통에 바탕을 둔 파룬궁이 서양에서 들어온 공산주의의 이데올로기적 우위성을 잠

있었다는 주장이 나온 이후 6주가 지나서 방문이 이루어졌기 때문
이다.

4월 16일_ '세계 파룬궁 박해 조사를 위한 조직World Organization to Investigate
the Persecution of Falun Gong, WOIPFG'은 세 번째 보고서를 출판하여, 여러 지방
의 군사병원과 준 군사병원 등이 수련생의 장기 적출에 참여하였다
고 폭로하였다.

4월 24일_ 미국 국회의원 81명은 부시 대통령에게 장기 적출 의혹
에 대한 전면적인 조사를 개시할 것, 중국의 지도자 후진타오(胡錦
濤)의 설명을 요청할 것, 제3의 단체에 현장 조사를 허락하는 협정
을 체결할 것 등을 촉구하는 편지에 공동 서명하였다.

4월 30일_ 중국 내에 살고 있는 경험이 풍부한 군의관이 또 다른 편
지를 보내왔다. 그는 편지에서 수련생들의 장기를 적출하는 실제 과
정을 폭로하였다. 지하 장기 매매의 건수가 중국 공산당의 공식 발
표보다 몇 배나 더 많고, 군사 시설에 대한 집중 조사가 있어야만 한
다고 말했다.

5월 8일_ 인권변호사 데이비드 메이터스와 캐나다의 전 아시아태
평양 담당 국무장관 데이비드 킬고어는 그들이 수련생들의 장기 적
출 주장에 대하여 독립적으로 조사하고 있다면서, 그와 같은 일은
인권에 반하는 범죄이자 중국의 전통적 가치와 완전히 상반되는 것

이라고 하였다.

5월 21일_ 유럽연합의 부통령인 에드워드 맥밀란 스콧 Edward McMillan Scott은 중국으로 가서 두 명의 수련생들에게 그간의 사정에 대하여 질문하였다. 이 과정을 도왔던 사람들이 체포되고 추방되었으며, 질문을 받은 두 명의 수련생도 그 후 체포되었다.

7월 6일_ 메이터스—킬고어 조사보고서가 출판되었고, 웹사이트 (www.organhar vestinvestigation.net)에서 18개 언어로 볼 수 있게 되었다. 그 보고서는 이윤을 위해 양심적인 파룬궁 수련생 수감자들에게서 당사자들의 의사에 반하여 대량의 장기를 적출하고 있다는 사실을 확증하고 있다. 저자들은 중국 정부가 발표한 공식 통계를 따르자면 4만 1,500건 이상의 장기 기증이 설명되지 않으며, 이는 감금된 파룬궁 수련생들에게서 나온 것일 수 있다고 말하였다. 그와 같은 잔혹한 행위가 만연하고 있고 지속되고 있다고 하였다.

2006년 몬트리올에 본부를 두고 있는 이식협회는 수감자의 장기를 이식에 사용하는 것과, 수감자의 장기나 조직에서 얻은 데이터 또는 샘플을 포함하는 중국의 학술 발표를 반대한다고 발표하였다.

2007년 1월

2006년판 메이터스—킬고어 보고서가 업데이트되었다. 2007년 세계의사협회는 중국의학협회와 협정을 체결하였는데, 그 협정 내용은 수감자나 구금되어 있는 사람에게서 나온 장기는 그들의 가까운 가족에게 이식하는 경우를 제외하고는 이식에 사용되어서는 안 된다는 내용이었다.

이식협회의 의료업무 이사이자 세계보건기구의 고문인 프란시스 L. 델모니코는 중국의 관계 공무원에게 다음과 같이 말하였다. "중국에서 이식 과정의 투명성은 너무나도 중요한 문제이다. 수감자가 강압이 없는 상태에서 장기 기증을 서면으로 동의했다는 증거가 있어야 하고, 인정된 이식센터와 신임할 수 있는 새롭게 선정된 외과의사들만 참여해야 한다."[16]

유엔의 고문에 관한 특별조사위원인 만프레드 노왁은 2007년과 2008년 중국 정부에 대하여 중국의 장기 이식 건수와, 승인 내지 동의에 의해 기증된 공급원의 숫자 사이의 불일치에 대하여 질문하였다. 그러나 이에 대해 만족할 만한 답변은 듣지 못하였다. 유엔 고문반대위원회는 2008년 11월 위원회의 보고서에서 중국에 대한 경악을 표시하였다. 그 이후로 중국에서 벌어지고 있는 장기 이식과 관련한 인권침해의 공범이 되지 않기 위해 필요한 모든 조치를 취해야 한다는 관심이 폭넓게 표출되었다.

왜 중국 정부는 사형과 이식에 관한 통계를 밝히기를 거부하는가? 추측할 수 있는 한 가지 답은, 만약 통계가 공개된다면 이식의 숫자와 사형이 선고되고 처형된 숫자 사이의 불일치가 분명해질 것이라는 점이다. 일단 이러한 정보가 공개되면, 당국은 불일치하는 이유를 설명하지 않고 버티기가 상당히 힘들 것이다.

2009년

7월_ 독립적인 조사자이자 작가인 에단 구트만은 45만~100만 명의 수련생들이 노동교양소, 감옥, 그 밖의 장기 구금 시설에 상시 구금되어 있을 것이라고 계산하였다.[17]

11월_ 메이터스와 킬고어의 책 《블러디 하베스트》가 출간되었다. 그들의 결론은 52개의 서로 다른 종류의 증거들을 바탕으로 한 것이다. "각각은 그 자체로 진실한 것이고, 대부분은 반박할 수 없는 것들이다. 그 증거들을 조합해보건대, 법치와 행정부로부터 독립된 재판관이 없는 나라에서 일어나고 있는 조직적 범죄 유형들이 명백하게 드러났다."

2011년

국제앰네스티 보고서는 다음과 같이 말하고 있다. "중국 정부는 감옥이나 구금 센터에 수감되어 있는 파룬궁 수련생들에게 강제로 그들의 믿음을 포기하도록 '전향'시키는 캠페인을 새롭게 시작하였다. 전향을 거부하는 '완고'한 사람들에게는 그들이 협조할 때까지 고문을 가한다. 많은 사람들이 구금 중에, 혹은 풀려나서 곧 사망한다."

좀 더 좋은 방법

우루과이 몬테비데오에서 열린 세계의사협회의 정기 모임이 거의 끝나갈 무렵인 2011년 10월 13일 개최된 포럼에서 데이비드 킬고어는 중국에서 사형수의 장기를 적출하여 이식에 사용하는 것은 다른 사람을 위하여 장기를 공급할 목적으로 사람을 살해하는 것이라는 점에서 혐오스러운 일이라는 점을 강조하였다. 이는 기본적인 인간 존엄성을 침해하는 것이며, 정보를 제공한 뒤에 자발적 동의를 얻어 장기를 획득하여야 한다는 윤리 정책의 발전을 지연시키는 것이다.

중국 정부가 이식 의료를 통제하고 있으므로 중국 정부에 책임이 있다. 따라서 세계 의료계 발전을 위해서 중국 정부를 향하여 확고하게 대응해야 한다.

데이비드 킬고어는 국제 의료계에 대하여 중국의학협회의 세계의사협회 회원 자격을 정지시킬 것을 요청하였다. 그리고 한목소리로 중국에서 나오는 이식에 관한 논문을 의학 저널에 싣는 것을 보이콧할 것, 중국에서 열리는 이식 관련 학회를 보이콧할 것, 중국에서 온 의사들에게 이식 의료 수련 과정 제공을 거부할 것, 다른 생물 및 의학 단체들에 가입되어 있는 중국 의사들의 회원 자격을 (단체들의 윤리 규범을 지키지 않았으므로) 정지시킬 것, 중국에서 이식 관련 임상 실험을 하고 있는 제약회사들에 대하여 정확한 입장을 취할 것 등을 요청하였다.

20세기 세계 의료계의 매우 중요한 성과 중 하나는 '윤리 규약Code of

Ethics'이다. 환자 중심의 의료를 위한 가장 강력한 기초인 이 규약은 바로 중국에서 실시되어야 한다. 지금 이 순간이야말로 의료계가 목소리를 높여야 할 때이다.

우리는 또한 우리 자국의 정부가 인간을 상품화하여 이윤을 얻는 것을 금지하는 협정을 만들도록 다함께 노력해야 한다.

인간의 존엄성, 즉 인체에 대한 존중과 의료 윤리 기준의 핵심가치 모두를 위반하는 야만적인 행위를 중지시키기 위해서 우리는 더 강력하게 행동해야 한다.

1 Accessed on 12-02-23 http://www.clearwisdom.net/html/cate -191/.

2 "Brutal persecution suffered by women Falun Gong practitioners in China," Accessed on 12-02-16 www-.clearwisdom.net/html/articles/2011/10/4/Zip.html#128512.

3 McGregor, Richard, *The Party: the secret world of China's communist rulers* (New York: Harper Collins, 2010), p. 167.

4 Matas, David and David Kilgour, *Bloody Harvest: The killing of Falun Gong for their organs* (Seraphim Editions, 2009), p. 42-43 and p. 51.

5 Matas, David and David Kilgour, *Bloody Harvest: The killing of Falun Gong for their organs* (Seraphim Editions, 2009).

6 Matas, David and David Kilgour, *Bloody Harvest: The killing of Falun Gong for their organs* (Seraphim Editions, 2009), p. 56.

7 "The Bellagio Task Force Report on Transplantation, Bodily Integrity, and the International Traffic in Organs," Accessed on February 16, 2012 www.icrc.org Transplant Proceedings (1997; 29: 2739-45).

8 Craig, Olga., Focus, "The Butchers of Beijing," *Sunday Telegraph,* March 1, 1998.

9 Jefferies, David E., "Executions top 1,200 in one year," *South China Morning Post,* March 24, 2001. Accessed on February 16, 2012 www.scmp.com.

10 Scheper-Huges, Nancy., "Postmodern cannibalism: black market trade of human organs," July 29, 2000.

11 Investigation Lead: People's Liberation Army General Logistics Department Responsible for Harvesting Organs from Living Falun Gong Practitioners [11/29/2009] Accessed on February 15, 2012.

12 같은 글.

13 Coalition to Investigate the Persecution of Falun Gong in China. "Background" August, 2006. Accessed on February 15, 2012.

14 같은 글.

15 Coalition to Investigate the Persecution of Falun Gong in China. "About Organ

Harvesting," August, 2006. Accessed on February 15, 2012.

16 Investigation Lead: People's Liberation Army General Logistics Department Responsible for Harvesting Organs from Living Falun Gong Practitioners [11/29/2009] Accessed on February 15, 2012.

17 Coalition to Investigate the Persecution of Falun Gong in China. "Timeline of Important Events," August, 2006. Accessed on February 15, 2012.

좋은 법이 **희생을 막을**수 있다

– 이스라엘의 경우

어떠한 나라든 비윤리적이고 부도덕한 장기 이식 행위를 변화시킨다는 것은 지극히 어려운 일인데, 특히 거대하고 격리되어 있는 중국 같은 나라는 더욱 어렵다. 한 가지 수단만으로 이러한 변화를 가져올 수는 없으며, 오직 전 지구적으로 다양한 계층에서 노력을 펼쳐야만 가능하다. 전 세계가 힘을 합쳐야 사형수와 파룬궁 수련생에게서 장기를 적출해 제공하는 진혹한 사슬을 끊어버릴 수 있을 것이다.

좋은 법이 희생을 막을 수 있다
-이스라엘의 경우

제이콥 라비

2005년 나는 나의 환자에게서 이상한 이야기를 들었다. 이 환자는 심각한 심부전으로 1년 이상 내가 일하는 병원에 입원해 있었고, 심장 이식을 위한 이스라엘 대기 명단에서 1순위 대기자였다. 그는 적합한 심장 기증자가 나타나기만을 기다리다가 지친 상태였다. 어느 날 그는 의료보험 회사로부터 2주 내로 중국에 가서 특정한 날짜에 심장 이식을 받게 해주겠다는 말을 들었다고 했다. 어떻게 이식 수술의 날짜를 사전에 조정할 수 있는지 내가 묻자, 그 환자는 자기는 그런 질문을 할 생각도 못했다고 답했다. 그 환자는 실제로 중국으로 가서 약속된 바로 그 날짜에 수술을 받았다.

전에는 이러한 수술을 받기 위해 중국으로 가는 이스라엘 환자가 없었고, 나는 이때 처음으로 중국에서 심장 이식을 받을 수 있는 가능성이 있음을 알게 되었다. 몇 년 동안 나는 신장 이식 전문의에게서 이스라엘 환자들이 신장 이식을 받으러 중국으로 간다는 이야기를 들어왔으나, 더 자세히 물어본 적은 없었다. 나는 그저 가난한 사람들이 돈을 위해 자신의 한쪽 신장을 팔겠거니 추측했을 뿐이다. 그런데 중국에서 심장도 이식받을 수 있고, 심지어 미리 날짜를 정하여 이식받을 수 있다는 사실에 나는 너무나 놀라서 조사를 하기 시작하였다.

얼마 지나지 않아 나는 중국에서 1980년대부터 일어나고 있는 끔찍하고 소름끼치는 현황을 자세히 알게 되었다. 이식 장기는 대부분 사형 선고를 받은 수감자나 양심수로부터 나온 것이고, 그들의 동의는 존재하지 않거나 윤리적으로 무효인 것이며, 경제적으로 장기를 구매할 능력이 있어 장기를 이식받기로 하고 기다리는 사람의 편의를 위해서 그들의 사망 시기가 조정되기도 한다는 것이다.

내가 조사를 시작한 2005년에는 중국 정부는 여전히 이에 대해 공식적으로 부인하고 있었다. 그래서 당시 정보의 대부분은 주로 의사 왕궈치(王國齊)의 증언에서 얻은 것이었다. 그는 전직 톈진무장경찰병원(天津武警總隊醫院)의 의사였는데 미국으로 도피하였다. 그리고 2001년 6월 미국 하원 국제관계위원회의 소위원회인 국제행동 및 인권소위원회의 공청회에서 증언을 하였다.[1] 내가 막 조사 결과를 발표하려고 할 때, 중국의 위생부 부부장인 황제푸가 2005년 12월 소수의 교통사고 희생자를 제외하고 대부분의 사체 장기는 사형수에게서 나온다는 것을 공식적으로 인정하였다. 다만 그는 사형 선고를 받은 뒤에 본인이나 그 가족이 충분한 설명을 듣고 장기 기증에 동의한 것이라고 해명하였다.

나의 조사 결과는 2006년 10월에 《이스라엘 의사협회 저널Journal of the Israeli Medical Association》에 처음으로 발표되었다.[2] 나는 중국으로 장기를 얻으러 모여드는 전 세계 이식 여행자들 중에서, 이스라엘 환자들만이 거의 유일하게 보험회사로부터 치료비 전액을 보상받는다는 사실을 발견하였다. 나는 이처럼 치료비 전액을 지급하는 것은 사실상 중국의 이식 활동을 합법적이고 윤리적인 것으로 인정하는 셈이라고 지적했다. 그리고 이스라엘 당국에 즉각 이 모든 것을 금지할 것을 요청하고, 이 잔학한 과정에 이스라엘이 어떠한 형태로든 동참하는 것에 대해 비난하였다.

2006년 7월 나의 원고가 출판될 무렵, 메이터스와 킬고어는 《블러디 하베스트》의 바탕이 된 보고서 초판을 출판하였다. 나는 이전의 주장과 연속되는 글을 다른 이스라엘 의학 저널에 발표하였다.[3] 여기에는 중국에서 이식에 이용되는 장기의 대부분은 처형된 파룬궁 수련생들에게서 나온다는 소름끼치는 정보가 추가되었다. 이 자료가 발표된 뒤, 이스라엘에서 가장 널리 읽히는 신문에 중국 사형수의 장기 매매에 대한 심층 보도가 실렸다. 같은 주제를 가장 인기 있는 지역 뉴스 포털인 YNet에 기명 논평으로 발표한 것, 그 뒤로 텔레비전 보도가 이어진 것 등은 대중들에게 이 사건을 각인시키는 데 기여하였다.

나는 이 일을 친구이자 동료인 이식 전문의 이탄 모어Eytan Mor 교수와 함께 벌였다. 우리는 2007년 6월에 이스라엘 국가이식센터와 이스라엘 이식협회의 후원을 받아 이스라엘에서의 장기 부족과 윤리적 딜레마에 관한 회의를 개최하여 대중 캠페인을 벌였다. 초청 연사 중에는 다음과 같은 인사들이 있었다. 세계보건기구의 이식특별자문인 프란시스 L. 델모니코 교수, 이스라엘 국제앰네스티 지부 이사인 암논 비단Amnon Vidan, 이스라엘 의사협회장인 요람 블라샤Yoram Blashar, UCLA 메디컬센터의 유명한 신장 이식 프로그램 이사인 가브리엘 다노비치Gavriel Danovitch, 그리고 대중들에게 우리 보고서의 내용을 요약하여 소개해준 데이비드 메이터스 등이 그들이다.

회의 하루 전, 중국 대사관이 우리 외교부에 연락을 했고, 그에 따라 이스라엘 보건부는 우리에게 메이터스의 발표를 취소할 것을 요청해왔다. 그 순간 우리가 외교 문제의 한복판에 있음을 알아차렸다. 우리가 그 요청을 거부하자, 보건부는 최소한의 균형을 맞추기 위해 중국 측 대표 한 명에게도 발표할 기회를 주어 외교적 불편함을 피하는 것이 좋겠다고 부드럽게 제안하였다. 중국 측 발표는 장기 공급처는 전혀 언급하지 않은 채 우리 보고서는 단지 중국을 비방하려고 지어낸 것에 불과하다는 내용이었다. 중국 연사는 청중들에게 야유를 받았다.

당시 나의 호소에 대하여 재미있으면서도 예기치 못한 공개적 지지가 있었는데, 바로 이스라엘에서 가장 존경받는 랍비 샬롬 엘리야시브Shalom Elyashiv의 지지였다. 그는 정통 소수파 랍비의 지도자로서 뇌사를 합법적인 죽음으로 인정하는 것과 뇌사 후의 장기 기증에 반대하였다. 단, 유대인이 아닌 사람이 뇌사 판정 후 장기를 기증하는 경우는 허용하는 태도를 취하였다. 랍비 엘리야시브는 중국에서 사형수의 장기를 이용하고 이것을 경제적 여유가 있는 사람에게 판매하는 것은 유대교의 입장에서 보았을 때 신성 모독이라고 주장했다. 그러므로 비록 장기 이식이 필요한 환자가 이식을 받지 못해 숨지는 한이 있더라도 결단코 이와 같은 일은 막아야 한다고 공개적으로 선언함으로써 많은 사람을 놀라게 하였다.

격렬한 대중적 논의 후에 이스라엘 국회 보건위원회는 관계자들, 즉 장기 이식 대기자, 이식 전문의, 보험회사 이사, 건강관리조직Health Management Organization, HMO, 이스라엘 파룬궁 수련생들, 보건부 관계자 등을 불러 모아 특별 회의를 열었다. 모든 참가자들의 의견을 청취한 후 위원회는 만장일치로 중국에서의 끔찍한 장기 이식을 비난하고, 이스라엘의 환자들을 장기 이식 목적으로 중국에 보내는 것을 중단할 것을 결의하였다.

위원회는 한발 더 나아가 그 기간 동안 보건부와 함께 새로운 장기 이식법을 만들었다. 여기에는 불법 장기 획득 또는 불법 장기 매매에 연루되어 장기 이식을 받을 경우 어떠한 치료비 보상도 해줄 수 없다는 내용이 포함되어 있다.[4] 새로운 법률이 2008년 3월 국회를 통과했고, 곧이어 불법 장기 적출 또는 장기 거래가 있었다고 알려진 나라에서 수행된 장기 이식에 대하여 모든 이스라엘 보험회사는 보상을 중지할 것을 명령하는 규정들이 발령되었다. 보험회사들은 이 규정을 즉각적으로 실행하였고, 이스라엘에서 중국으로 가는 이식 여행이 곧바로 완전히 멈추었다. 이 규정들은 또한 이스라엘에서 세계 다른 장소로 향하던 장기 이식 여행 건수를 감소시켜, 2006년 155명에서 2011년 26명으로 감소하였다.

이스라엘의 장기이식법은 단지 이식 여행으로 가는 문을 닫아버린 것만이 아니었다. 동시에 그 법률은 사체 및 살아 있는 관련자들의 기증을 모두 포함하여 이스라엘의 장기 기증을 증가시키는 데 새로운 길을 연 조항들을 여럿 포함하고 있다.[5] 예를 들어 기증자로 등록한 사람에게 장기 이식을 받을 경우 우선권을 부여하는 독특하고 새로운 정책을 채택하였다.[6] 이 새로운 장기 분배 정책은 기증하는 것은 거부하면서도 자신은 기증받으려고 대기하는 '무임 승차자'를 없애기 위한 것이다. 이 정책은 상호 이타주의라는 윤리 원칙에 기반한 것이기도 하다.

이 법률은 살아 있는 사람이 기증을 꺼린다는 점을 감안하여 살아 있는 기증자에게 소정의 보상을 제공하고 있다. 정부는 돈으로 환산할 수 없는 기증 행위를 보상하기 위하여 윤리위원회가 인정한 기증자에게 다음의 지원을 해준다. 기증하기 전 3개월 동안의 평균 수입에 기초한 40일 동안의 수입 상실에 대한 보상(미고용된 기증자는 기증 시점의 최저임금을 기준으로 보상한다), 기증자와 그의 친척이 기증을 위하여 입원하거나 후속 진료 등을 위해 병원에 다닐 때 드는 교통비 전액을 상환, 기증 후 3개월 이내의 기간 중 7일 동안의 회복 보상, 5년 동안의 의료와 노동 능력 상실 및 관련 보험증서와 영수증이 제출된 생명에 관한 보험에 대한 보상, 5년 동안의 정신과 상담 및 치료에 대한 보상 등이다. 이러한 조치는 벌써 효과가 있어서 2011년에는 전년도 대비 장기 기증이 무려 68퍼센트 늘었다.

어떠한 나라든 비윤리적이고 부도덕한 장기 이식 행위를 변화시킨다는 것은 지극히 어려운 일인데, 특히 거대하고 격리되어 있는 중국 같은 나라는 더욱 어렵다. 한 가지 수단만으로 이러한 변화를 가져올 수는 없으며, 오직 전 지구적으로 다양한 계층에서 노력을 펼쳐야만 가능하다. 전 세계가 힘을 합쳐야 사형수와 파룬궁 수련생에게서 장기를 적출해 제공하는 잔혹한 사슬을 끊어버릴 수 있을 것이다.

이스라엘의 법적 조치는 이스라엘 국민들이 중국의 장기를 구입해 이식하는 데 동참하지 않도록 만들었다. 자국민이 장기 이식을 위해 중국으로 몰려가고 있는 다른 나라들에서도 유사한 조치들이 실시된다면 주요 자금원을 감소시켜 궁극적으로 이 사악한 사슬을 끊는 데 기여할 것이다.

주

1 "Organs for Sale: China's growing trade and ultimate violation of prisoners' rights," Hearing before the subcommittee on International Operations and Human Rights of the Committee on International Relations, House of Representatives, June 27, 2001. Viewedat: http://commdocs.house.gov/committees/intlrel/hfa73452.000/hfa73452_0f.htm.

2 J. Lavee, "Organ transplantation using organs taken from executed Prisoners in China - a call for the cessation of Israeli participation in the process," [Hebrew] Harefuah. 2006; 145:749-52.

3 J. Lavee, "Shooting and cutting," [Hebrew]. *Medicine Cardiology.* 2:12-15, 2007. Viewed at: http://www.themedical.co.il/Upload/Magazines/Documents/23/medicine%20heart2.pdf.

4 Israel Transplant Law - Organ Transplant Act, 2008. Viewed at: http://www.declarationofistanbul.org/index.php?option=com_content&view=article&.id=267: israel-transplant-law-organ-transplant-act-2008&catid=83:legislation&Itemid=130.

5 The Declaration of Istanbul. Viewed at: http://www.declarationofistanbul.org/.

6 J. Lavee, Ashkenazi, T., Gurman, G. and D. Steinberg, "A new law for allocation of donor organs in Israel," *Lancet* (2010): 375(9720): 1131-3.

학술계가
취해야 할
대응책

우리가 중국에서 일어나는 일을 통제할 수는 없다. 그러나 우리는 최소한 회의나 학술지의 내용은 통제할 수 있다. 우리는 중국의 장기 이식계가 국제 장기 이식 단체에서 존경받는 회원으로 자리 잡을 때까지 계속 노력할 것이다.

학술계가 취해야 할 대응책

가브리엘 다노비치

생명의학 연구는 반드시 윤리 기준에 부합하여야 한다는 당연한 원칙은 헬싱키 선언 이후 수십 년 동안 규범이 되어왔다. 그 선언 자체는 나치 독일이나 터스키기Tuskegee 등지에서 인권을 심각하게 침해하는 의학 실험이 행해졌던 데 대한 대응이었다. 따라서 히포크라테스 선서가 임상 의학에 종사하는 모든 사람에게 가장 중요한 원칙이라면, 헬싱키 선언은 임상 연구에 종사하는 사람들이 반드시 지켜야 할 원칙이다. 모든 임상 연구는 의학 저널에 발표하거나 의료계 회의에서 발표로 채택되기 이전에 헬싱키 선언에 부합하여야만 한다. 원고와 초록은 모두 규칙적으로 '윤리 여과기'를 거쳐야 한다.

사형수에게서 이식을 위한 장기를 취득하는 일은 수십 년 동안 용납될 수 없는 인권 침해로 널리 여겨져왔다. 2007년까지 줄곧 그에 대해

혐오감을 표시하고 대응하기 위한 순차적인 실행 단계들이 이식협회의 권위 있는 학술 저널에 반복적으로 발표되었다. 그러나 국제적 비난이 쏟아지고 중국 고위 관리가 그 사실을 인정했는데도 불구하고, 사형수의 장기 적출은 줄지 않고 계속되었다.

지난 10년 동안 중국과 세계의 관계는 다양한 수준에서 반갑고도 큰 변화가 있었다. 그러한 변화는 불과 한 세대 이전만 해도 그렇게 가까이 있으면서도 고립되었던 중국을 기억하기 어렵게 만들었다. 중국의 의학 연구 결과가 영어권 세계에 일상적으로 전달되고, 의학 교류와 훈련이 일반화되었으며, 제약회사가 폭넓게 사업을 하고 약을 개발하거나 임상 연구를 수행하게 되었다. 이렇게 우호적인 관계를 이어오다가 '기증자'의 근원이 사형수이며, 거기에서 장기 이식 관련 임상 실험과 임상 연구가 이루어졌다는 사실과 직면하게 되었다. 이식 학술계는 이러한 보고에 어떻게 대응하여야 하는가?

2010년 7월 2년에 한 번씩 개최되는 이식협회의 세계이식대회가 밴쿠버에서 열렸다. 중국은 여기에서 발표할 예정으로 논문 30편의 초록을 제출하였는데, 수백 개의 이식 자료를 다룬 것이었다. 기증자가 사형수일 가능성이 있어 보이는데도 그 논문들이 받아들여질 것으로 예상한 것이었다. 윤리 여과기 표준이 존재하고, 사형수에게서 나온 장기에 관한 이식협회의 윤리 정책이 공표되어 널리 알려져 있는 상황에서 벌어진 일이었다. 이에 대해 윤리 여과기가 작동하지 않았음이 밝혀졌고, 저자들에게 연구 데이터에 처형된 기증자의 장기가 사용되지 않았음을 진술하여야 논문 초록이 받아들여질 수 있다고 알렸다. 그 결과 대부분의 논문 초록들은 철회되었다.

2010년 8월, 《미국 이식 저널 American Journal of Trans- plantation》에 알람Allam 등은 중국에서 간 이식을 받은 뒤 사우디아라비아나 이집트로 돌아온 환자들이 겪고 있는 합병증에 대하여 보고하였다.[1] 저자들은 "예를 들어 중국으로 간 이식을 받으러 여행하려는 경우에 주요한 관심사는 그 결과의 불확실성이다"라고 논평하고 있다. 그 학술지 편집자의 관심사도 이식을 받은 사람의 합병증에 있었는데, 지나가는 말로 그 장기의 실제적인 공급원이 사형수들이고 그 수감자들은 모두 뇌에 심각한 손상을 입고 심장사한 후에 기증된 것이라고 적고 있다.[2]

2010년 간질환학 미국학회와 국제 간이식학회의 공식 학술지인 《간이식》 10월 호에 톈진제일중심병원(天津第一中心醫院)의 주즈쥔(朱志軍)의 보고서가 실렸다. 이는 14가지 사례에서 간디스토마에 감염된 간을 간 이식에 사용하는 것이 가능한지에 대한 내용이었다.[3] 논문 중 방법을 서술하는 부분에서 저자들은 간이 "표준 심장사 후의 기증Donation after Cardiac Death에 의한 장기 획득 기법을 사용하여" 적출된 것이라고 보고하였다. 편집자는 단지 보고의 기술적인 측면만을 논평했을 뿐 기증의 근원에 대하여서는 언급하지 않았다.[4]

이와 같이 겉으로는 온화해 보이는 중국 이식 장기의 근원에 대한 진술에서 '사망 기증자 장기 획득'이란 사형에 의한 사망을 의미한다. 또한 그들의 장기가 '기증'된 것이라고 부드럽게 표현하였으나, 그들에게 '심각한 뇌 손상'이 있었다는 것은 총살형을 집행했음을 나타낸다. 중국에서 얼마나 많은 숫자의 '사형 집행에 의한 기증'이 있는지는 알기 어렵다. 그러나 중국의 공식 간이식등록소 웹사이트(www. cltr.org.en)가 밝힌 숫자를 말하는 것은 무난할 것이다. 그 웹사이트는

1993년 1월부터 2010년 7월까지 1만 9,000건에 달하는 사례들을 보고
하고 있는데, 이는 아마도 최소한의 수치일 것이다. 분명 이보다는 더
많을 것이다.

사형수에게서 획득한 장기를 사용한 자료 발표에 대해서 편집자 논
평에 발표되었고[5] 전문 이식단체 사이에서 이에 대응하기 위한 일련
의 방법들이 제안되었다. 여기에는 다음과 같은 내용들이 있다.

- 국제 혹은 국내 의료전문 협회와 학술지는 제시된 데이터가 가장 최
  근에 제정된 이식 여행에 관한 중국 정부의 규율에 부합하는지 여부
  및 사형수가 장기의 출처가 아님을 저자가 명시적으로 밝히지 않는
  이상, 중국 이식 센터의 논문 초록, 출판물 및 발표 자료를 접수하여
  서는 안 된다.
- 중국의 이식 전문가는 국제 전문가 협회의 회원이 되기 위해서 특히
  사형수의 장기를 이식에 사용하는 것은 허용되지 않는다는 것을 표
  명하는 윤리 정책을 수락하여야 한다.
- 제약회사들은 사형수의 장기를 연구에 사용하는 일이 없어야 하고, 중
  국 정부의 장기 이식 여행에 관한 규정들을 철저히 준수하여야 한다.
- 국제 단체에 의한 중국의 이식 전문가 훈련은 직접적이든 간접적이
  든 사형수에게서 나온 장기를 사용하지 않겠다는 것을 승낙함을 조
  건으로 하여야 한다.

《미국 이식 저널》의 편집위원회가 보여준 대응은 가장 반가운 것
이다. 2011년 5월 이후 이 저널에 기고하는 저자에게는 다음과 같은

공지가 늘 따른다.

《미국 이식 저널》은 사형수에게서 획득한 장기를 사용한 이식에서 도출된 데이터가 포함된 원고는 받지 않는다. 이러한 방법에 대하여 적은 원고(예를 들면 이러한 관행으로 도출된 2차적 결과를 설명하는 평론이나 보고서)는 편집위원회의 결정에 따른다. 그러나 이 경우 원고 제출 이전에 위원회에 서면으로 이를 신청하여야 한다.

2011년 10월 《란셋Lancet》에는 '장기 이식과 관련된 중국 과학 및 의료에 보이콧을 할 때다'라는 제목의 편집자의 글이 발표되었다.[6] 권위 있는 《임상 조사 저널 Jounal of Clinical Investigation》은 인체 장기 이식에 관한 글의 출판과 편집자의 입장에 대하여 다음과 같이 밝혔다.[7]

사형수에게서 나온 장기를 이식에 사용하는 관습이 중국에서는 널리 행해지고 있는 것으로 보인다. 우리는 이에 대해 강력하게 비난하며, 기증자가 강압에 의하지 않고 자발적으로 동의했다는 사실을 증명하지 못하는 경우에는 인체 장기 이식에 관한 원고의 발표를 채택하지 않기 위한 조치를 빠른 시간 내에 실시하겠다.

이 밖에도 여러 조치들이 취해졌다. 이스탄불 선언 웹사이트(www.declarationofistanbul.org)에는 다음과 같은 장기 불법 매매와 이식 여행에 관한 정책이 나와 있다.

모든 초록의 제출은 다음과 같은 취지의 진술을 포함하여야만 한다. '저자는 다음을 증명하여야 한다. (a) 모든 데이터(임상 발견, 임상에 사용된 재료의 묘사 등)는 이스탄불 선언의 원칙에 따라 수행된 조사와 임상 활동으로 얻어진 것이다. (b) 보고된 어떠한 활동 과정 중에서도 사형수의 장기나 조직이 사용되지 않았다.'

이러한 정책은 2011년 부에노스아이레스에서 열린 '장기 기증과 획득을 위한 국제협회International Society for Organ Donation and Procurement, ISODP'와 2012년 7월 베를린에서 열린 '세계이식회의World Transplant Congress'에서도 논문 초록 제출을 위한 지침에 포함되었다.

강조하건대, 이러한 정책이 중국이건 어떤 지역에서건 장기 이식에 관한 학문적 토론을 막으려는 것은 아니다. 그보다는 바람직한 변화를 바라는 중국 내의 인사들에게 도움을 주기 위한 것이다. 이러한 관점에서 중국 위생부의 한 공무원은 중국의 잘못된 행위를 종결하고 뇌사자의 장기 기증과 심장사한 사람의 기증을 추진하는 사업을 진행하겠다고 밝혔다.[8] 그러나 사형수의 장기 사용이 여전히 계속되고 있고, 이것이 감소하고 있다는 명백한 증거도 보이지 않는다. 좋은 의도를 표현하는 것만으로는 충분치 않다. 우리의 반대에 대하여 중국 이식 전문계가 말로만 달래는 것도 충분치 못하다. 우리가 중국에서 일어나는 일을 통제할 수는 없다. 그러나 우리는 최소한 회의나 학술지의 내용은 통제할 수 있다. 우리는 중국의 장기 이식계가 국제 장기 이식 단체에서 존경받는 회원으로 자리 잡을 때까지 계속 노력할 것이다.

주

1 Allam, N., M. Al Saghier, Y. el Sheikh, et al, "Clinical outcomes for Saudi and Egyptian patients receiving deceased donor liver transplantation China," *Am J Transplant* 10 (2010): 1834-1841.

2 J. Fung, "The sleeping giant awakens—liver transplantation in China," *Am J Transplant* 10 (2010): 1723-1724.

3 Zhi-Jun Zhu, Zhong-Yang Shen, Wei Gao, et al., "Feasibility of Using a Liver Infected with Clonorchis sinensis for Liver Transplantation:Fourteen Cases," *Liver Transplant* 16 (2010): 1440-1444.

4 Kotton, C. and R. Hurtado, "Not Just a Fluke: Expanding the Organ Supply," *Liver Transplant* 16 (2010): 1343.

5 Danovitch, G., M. Shapiro, J. Lavee, "The Use of Executed Prisoners as a Source of Organs Transplants in China Must Stop," *Am J Transplant* 11 (2011): 426-428.

6 Caplan, A., G.M.. Danovitch, M. Epstein, J. Lavee, M. Shapiro, "Time for a boycott of Chinese science and medicine pertaining to organ transplantation," *Lancet* (2011) 378; 1218.

7 Caplan, A., H. Rockman, L. Turka, "Editorial position on publishing articles on human organ transplantation," *J Clin Invest* 122, 1 (2012):2.

8 Huang, J., J. Millis, M. Miliis, et al., "A pilot programme of organ donation after cardiac death in China," *Lancet* 379 (2012):862-865.

제약회사에
책임을
묻다

중국에서 임상 실험을 실시하는 제약회사는 이식 장기가 사형 집행된 수감자에게서 나
온 것이 아니라는 것을 분명히 하여야 하고, 동시에 '개인의 익명성과 프라이버시' 또
한 확실하게 보호되도록 해야 한다. 만약 이러한 기준을 충족하지 못한다면 그 회사들
은 더는 그와 같은 사업을 해서는 안 된다.

제약회사에 책임을 묻다

아르네 슈와츠

> 중국의 이식 범죄는 국제사회의 관심사가 되어야만 한다. 왜냐하면 그것은 인권에 대한 중대한 침해이고, 선진국들 또한 공범이기 때문이다.
>
> — 데이비드 메이터스[1]

중국은 미국 다음으로 전 세계에서 장기 이식 수술을 가장 많이 하고 있는 나라이다.

중국의 장기 이식 시스템은 장기 이식에 관하여 합의된 국제 의료 사회의 윤리 기준에 부합하지 않는다. 세계보건기구, 세계의사협회, 이식협회, 심지어 중국의 의학협회마저 장기 이식에 관한 많은 윤리 기준들에 합의하였다. 그러나 이러한 기준들은 중국의 장기 이식 시스템에서는 전혀 지켜지지 않는다. 따라서 이 시스템은 지금도 범죄를 낳고 있다.

처음 장기 이식 수술이 있었던 1970년대 초반부터 2005년까지, 중국 정부는 이식 수술에 쓰이는 대부분의 장기가 수감자들로부터 나온다는 사실을 감추어왔다.[2] 중국에서 자발적으로 장기를 기증하는 경

"

우는 극히 드문데, 이는 중국의 문화적 특징 때문이다. 여기에 투명하지 않고, 범죄화되고 상업화된 이식 시스템을 신뢰할 수 없다는 것도 주요한 원인이다.[3]

2008년 중국의 위생부 부부장은 의학 저널 《란셋》에서 다음과 같이 인정한 바 있다.

> 중국에서 90퍼센트 이상의 이식 장기가 사형수들에게서 나온다.[4]

2010년 마드리드 이식회의에서 발표된 중국 위생부의 통계 자료에 따르면 1997년부터 2008년 사이에 중국에서 10만 개 이상의 신장, 간, 심장, 췌장 등이 이식되었다고 한다. 중국 위생부 부부장은 그 회의에서 다음과 같은 사실을 분명히 말하였다.

> 사망한 기증자들에게서 얻은 90퍼센트 이상의 장기는 사형수들에게서 나온 것이다. …… 이는 국제적인 의료 기준에 부합하지 않는다.[5]

이것은 10만 명 이상 죄수들의 장기가 중국에서 장기 이식술에 사용되었다는 것을 의미한다. 그 숫자는 중국을 제외한 전 세계 사형 집행을 모두 합한 것보다 더 많은 사형 집행이 중국에서 이루어져야 가능한 것이다. 사소한 위반 행위로도 사형에 처해지는 것이고, 중국의 사법 시스템은 공정한 재판에 관한 국제 기준을 전혀 따르지 않는 것이다. 1년에 얼마나 많은 수감자들이 처형되는지는 중국에서 국가 기밀에 속한다.

국제적인 의학 공동체는 죄수의 장기를 이식술에 사용하는 것에 강력하게 반대하고 있다. 세계의사협회는 '인간 장기 기증 및 이식에 관한 성명'에서 다음과 같이 말하고 있다.

> 충분한 설명에 기초한 자유로운 의사 결정 과정은 정보의 교환과 이해 그리고 강압의 부재를 의미한다. 수감자 또는 구금되어 있는 사람은 자유롭게 동의할 수 있는 처지에 있지 못하며, 강압에 노출되어 있기 때문에 그들의 장기가 이식술에 사용되어서는 안 된다. 다만 가까운 가족에게 사용되는 것은 예외이다.[6]

2007년에 중국의학협회도 여기에 동의하였다.[7]

수감자의 장기를 이식에 사용하는 데 대해 세계의사협회는 1985년에 이미 옳지 않다고 선언하였다.[8] 그리고 서방 비정부기구와 언론들이 20년 이상 계속해서 보고해왔고,[9] 국제적인 관심도 증대되어왔다.[10] 이러한 관심은 캐나다의 데이비드 킬고어와 데이비드 메이터스가 중국에서 양심수의 장기가 이식술에 사용된다고 주장하며 유력한 증거를 제출하면서 더욱 높아졌다.[11]

외부에서 관망하는 사람들은 중국에서의 장기 이식 범죄가 통상적으로 있을 수 있는 중국의 악행 가운데 하나라고 생각할 수도 있다. 그러나 이는 국제적인 제약회사들, 중국 이외의 나라에서 이식술을 집행하는 외과의사, 그 밖의 여러 조직이 여기에 깊이 관련하고 있다는 점을 간과한 것이다.

중국의 수많은 우수한 외과의사들이 영국, 미국, 오스트레일리아,

캐나다, 독일 등에서 이식학 훈련을 받는다.[12] 서방의 이식 전문의는 중국의 이식 시스템에 대하여 조언을 하기도 하고 협조하기도 한다.[13]

중국의 이식 시스템에서 국제 제약회사들의 개입은 주목할 만하다. 제약회사들 중 일부는 중국의 이식 시스템이 국제적인 윤리 기준에 전혀 부합하지 않는다는 점을 알면서도 매우 적극적으로 중국에서 자사의 면역 억제제를 테스트하고 선전하며 판매한다.

면역 억제제는 이식된 장기의 거부반응을 막기 위해서 필요하다. 즉, 항거부반응제는 이식술의 성공을 위하여 필수적인 것이다. 이러한 약들은 매우 비싸고 환자의 남은 생애 동안 내내 필요한 것이기 때문에 많은 이윤을 가져다준다. 중국 면역 억제제 시장은 이미 거대해진 데다가 잠재 성장 가능성은 아직도 엄청나다. 특허가 만료된 뒤로 다른 항거부반응제 시장은 줄어들고 있는 데 반하여 중국 시장은 아직도 팽창 중이다.[14]

1994년 비정부기구인 '인권감찰Human Right Watch'이 발행한 〈중국에서의 장기 확보와 사형〉이라는 설득력 있는 보고는 중국에서의 장기 이식 범죄에 제약회사들이 관여되어 있다는 사실을 최초로 암시하였다. 그 보고서는 중국에서 장기 이식이 폭발적으로 성황을 이루는 상황에서 면역 억제제가 중요하다는 것을 강조하였다.

> 1983년부터 두 가지의 무관한 요소들이 결합됨으로써 장기 이식을 폭발적으로 증가시켰다. 하나는 '범죄 박멸' 캠페인 실시였는데, 1983년부터 해마다 실행되었다. 이는 사형 선고를 받는 수감자를 증가시켰고, 이에 따라 이식에 필요한 장기의 잠재적 공급도 증가했다. 둘째는 일

명 '마법의 약'이라고 알려진 시클로스포린 A Cyclosporine A의 도입이었다. 이 약은 이식술의 성공률을 획기적으로 높였다. 시클로스포린 A는 외부 조직에 대한 인체의 자연적인 거부반응을 막아주는 면역 억제제인데, 중국에는 1980년대 중반에 소개되었고 스위스 산도스 Sandoz 사가 만든 것이다. 중국에서 신장 이식을 받은 대다수의 환자들은 현재 시클로스포린 A 복용을 포함해 값비싼 사후 처치를 받고 있다.[15]

그 후 다른 국제 제약회사들, 예를 들면 노바티스 Novartis, 로슈 Roche, 아스텔라스 Astellas, 와이어스 Wyeth, 화이자 Pfizer 그리고 가장 최근에는 캐나다 회사인 아이소테크니카 Isotechnika 등[16]이 항거부반응제를 가지고 한몫 잡기 위하여 중국 시장에 뛰어들었다.

어떤 사람들은 제약회사들이 과연 제대로 된 규제가 없는 중국 이식 시장에서 이익을 얻은 것인지, 아니면 수감자의 장기에 기반한 중국의 이식 시스템이 제약 사업 덕분에 폭발적으로 증대된 것은 아닌지 의문을 표시한다.

이 제약회사들 중 일부는 중국에서 면역 억제제를 판매한 것뿐만 아니라, 중국 병원에서 장기 이식 환자들을 상대로 항거부반응제의 임상 실험까지 하였다.

다수의 제약회사들이 최근 이식 환자 수백 명이 포함된 임상 실험을 하였다.

- 2004년 6월: 와이어스(현재 화이자)는 122개의 이식된 신장을 포함한 임상 실험을 시작하였다.

- 2005년 1월: 노바티스는 약 300개의 이식 신장을 포함한 임상 실험을 시작하였다.
- 2006년: 로슈는 36개의 이식 심장을 포함한 임상 실험을 시작하였다.
- 2007년 3월: 아스텔라스는 42개의 이식된 간을 포함한 임상 실험을 시작하였다.
- 2007년 7월: 아스텔라스는 240개의 이식된 신장을 포함한 임상 실험을 시작하였다.
- 2008년 1월: 아스텔라스는 172개의 이식된 간을 포함한 임상 실험을 시작하였다.
- 2008년 4월: 로슈는 90개의 이식된 간을 포함한 임상 실험을 시작하였다.
- 2008년 9월: 로슈는 약 210개의 이식된 신장을 포함한 임상 실험을 시작하였다.
- 2010년 12월: 화이자는 약 24개의 이식된 신장을 포함한 임상 실험을 시작하였다.[17]

이 9개의 기록된 임상 실험은 약 1,200개의 이식 장기를 포함하는데, 그 임상 실험은 중국의 20여 개 이상의 민간 혹은 군 병원에서 실시되었다. 그중 최소한 2개 이상의 병원에서, 파룬궁 수련생에게서 적출한 장기가 이식에 사용되었다는 강력한 정황 증거가 존재한다.[18]

중국의 많은 병원에서 이 회사들의 항거부반응제를 이용하여 2,000개 이상의 이식 장기를 상대로 40개 이상의 임상 실험을 진행하였다. 비록 '책임 주체'가 중국 대학이나 군 병원이기는 하지만 말이다.[19]

결정적인 질문은 다음과 같다. 중국에서는 모든 이식 장기의 90퍼센트 이상이 죄수에게서 나오는데, 임상 실험에 사용된 1,200개 이상의 이식 장기는 어디에서 나온 것인가?

로슈는 중국에서 항거부반응제를 판매하고 실험하는 것 이외에 상하이에 1,500만 유로를 들여 건설한 새 공장에서 2006년부터 면역 억제제 셀셉트cellCept를 생산하고 있다. 이 약을 왜 중국에서 생산하는가 하는 질문에 대하여, 로슈의 CEO이자 그 후 이사회 의장이 된 프란츠 휴머Franz Humer는 다음과 같이 답하였다.

> 일본과는 반대로, 중국에서는 이식 의료에 대하여 어떠한 윤리적 · 문화적 제재도 없기 때문이다.[20]

사실 중국 사람들이 자발적으로 장기를 기증하려고 하지 않기 때문에 윤리적 · 문화적으로 염려하는 목소리가 있어도 수감자의 장기를 이용하는 중국 이식 시스템의 범죄는 계속되고 있다. 중국의 대중적인 신문인 〈환구시보(環球時報)〉는 다음과 같이 적고 있다.

> 중국의 전통의식은 살아서는 물론이고 죽은 뒤에도 신체가 손상되는 것을 용납하지 않는다. 기증자의 유족은 기증자의 신체 일부분이 잘려 나가 알지 못하는 누군가의 신체에 존재한다는 사실을 정서적으로 받아들이기 힘들어한다.[21]

그리고 2009년 중국의 잡지 《차이징》은 다음과 같이 적고 있다.

지난 2년 동안 중국에서는 약 2만 건의 장기 이식 가운데 30건 이하만
이 시민의 기증으로 이루어졌다. 중국 의료협회 중의 하나인 장기이식
협회 간사인 천중화(陳中華)의 말에 따르면 절대 다수는 사형수에게서
적출된 것이라고 한다.[22]

로슈와 아스텔라스는 중국 이식 시스템에 훨씬 더 깊이 개입하고
있다. 그들은 중국과 공동으로 간과 신장 이식 수술의 전 과정을 개선
하기 위한 의학 데이터베이스를 구축하였다. 그들은 중국에서 이식
활동을 위한 지원에 투자해왔다.[23]

이 모든 사실들은 중국 내 이식 장기의 대부분이 사형수로부터 비
윤리적으로 획득된다는 사실에도 불구하고, 일부 제약회사들이 세계
다른 지역에서와 마찬가지로 사업을 영위하고 있음을 말해준다. 어떤
이들은 이 제약회사들이 국제적 윤리 기준을 어기는 위험을 감수하면
서까지 사업상의 기회이므로 중국 이식 시스템의 범죄성에 일부러 눈
을 감는 게 아닐까 하는 의심을 품을 수도 있을 것이다.

로슈와 노바티스의 본사가 있는 스위스에서 일부 정치인들이 이 문
제를 알아챘다. 1998년, 2006년, 2008년에 스위스 국회 구성원들은 불
량배 같은 중국의 이식 시스템과 스위스 제약회사인 로슈와 노바티스
에 대한 스위스 정부의 태도를 향해 비판적 질문을 던졌다.[24]

2009년 9월, 나는 스위스 회사인 호프만－라로슈 Hoffmann-La Roche가 중
국에서 행하는 이식 비즈니스에 관한 실제 사례 연구를 하기로 결심
했다. 나는 로슈 그룹의 준법 감시인에게 편지를 보내 중국 이식 시스
템의 문제를 간략하게 설명했다. 그리고 통계적으로 중국에서 이식된

장기의 90퍼센트 이상이 수감자에게서 나오는 상황에서, 어떻게 로슈
는 로슈가 실시했던 3개의 이식 임상 실험에 사용된 약 300개의 장기
가 사형수에게서 나온 것이 아니라고 확신할 수 있는지를 물었다.

다음은 로슈가 보낸 장문의 답변 편지 가운데 핵심적인 부분이다.

> 로슈는 장기의 공급에 관하여 어떠한 책임도 질 수 없다. …… 로슈는
> 위에서 언급한 바와 같이 중국 또는 다른 어느 나라에서도 장기의 공급
> 에 관하여 책임지지 않는다. 기증자의 매우 사적인 정보 등 익명성과
> 프라이버시는 법에 의하여 보호된다. 로슈는 어디에서 혹은 어느 기증
> 자에게서 장기가 온 것인지 알 수 있는 권한이 없다.[25]

이는 세계에서 중국에서만 절대 다수의 이식 장기가 사형수들에게
서 획득된다는 사실을 언급하고 있지 않으므로 불충분한 답변이다.
따라서 중국에서의 항거부반응제 임상 실험에 사용된 장기가 사형수
에게서 나온 것이 아니라는 점을 확신할 만한 실제적인 조사와 특별
한 보호 조치가 요구된다. 즉, 중국에서 임상 실험을 실시하는 제약회
사는 이식 장기가 사형 집행된 수감자에게서 나온 것이 아니라는 점
을 분명히 하여야 하고, 동시에 '개인의 익명성과 프라이버시' 또한 확
실하게 보호되도록 해야 한다. 만약 이러한 기준을 충족하지 못한다면
그 회사들은 더는 그와 같은 사업을 해서는 안 된다. 기업의 책임을 다
함으로써 제약회사들은 전 세계적으로 윤리적인 신뢰를 얻어야 한다.

세계보건기구가 제시한 '인체 세포, 조직 및 장기 이식에 관한 지도
원칙'을 보면 제10조에서 이식 장기의 기증자가 누구인지를 추적할 수

있어야 한다고 요구한다. 그리고 이어서 제11조에서 다음과 같이 말하고 있다.

> 기증과 이식 활동의 임상 결과뿐만 아니라 그 조직과 실행이 모두 투명하여야 하고, 필요한 조사에 공개되어 있어야 한다. 동시에 기증자 및 수여자 개인의 익명성과 프라이버시가 언제나 보호되어야 한다.[26]

국제적으로 이식학을 선도하고 있는 세계이식협회는 로슈뿐 아니라 노바티스, 아스텔라스 등 국제적 제약회사의 재정 지원을 받고 있는데, 중국의 이식 프로그램과 관련하여 다음과 같은 윤리 강령을 권고하고 있다.

> 임상 연구에 있어서 협동 작업은 세계의사협회의 헬싱키 선언(인체를 대상으로 하는 의학 연구에 있어서의 윤리 원칙)을 위반하지 않는 경우에만, 예를 들어 사형수에게서 나온 장기나 조직을 사용하지 않아야 하는 등 세계이식협회가 정한 정책 및 윤리 강령을 준수하는 경우에 한해서만 고려할 수 있다.[27]

그리고 유엔 인권이사회는 '비즈니스와 인권에 대한 지도 원칙'을 통과시켰는데, 이는 다음을 강조하고 있다.

> 기업은 인권을 존중할 책임이 있다. 즉, 기업체는 타인의 권리를 침해할 만한 일을 피하기 위하여 적절한 조사를 해야 하고, 그들의 행위가

미칠 수도 있는 부정적인 영향을 고려하여야 한다.[28]

이러한 원칙들과 로슈의 답변 사이에 명백한 모순이 있다고 보고, 나는 국제 제약회사의 임상 실험에 대한 나의 연구 결과를 비정부기구 인사들과 공유하였다. 중국에서의 이식 활동에 대한 제약회사들의 책임은 좀 더 분명해졌다.

- 2010년 1월 스위스의 비정부기구인 '베른 선언Declaration of Berne'은 다음과 같은 이유로 무책임한 기업에 주는 '공공의 시선 스위스상 2010 Public Eye Swiss Award 2010'이라는 부끄러운 상을 로슈에 수여하였다. "기증된 장기의 출처를 언급할 수 없음에도 불구하고 그들의 면역 억제제인 셀셉트 임상 연구를 중국에서 실시하였으며……."
- 로슈는 전 세계 인터넷 투표에서 5,723표를 얻어 부정적인 상인 '공공의 시선 대중상Public Eye People's Award'을 받았으며, 국내와 국제 언론으로부터 부끄러운 주목을 받았다.[29]
- 2010년 3월 정기 주주총회에서 로슈는 중국에서의 이식 임상 실험과 관련하여 엄중하게 비난받았다(로슈와 노바티스는 이미 2008년에 중국에서의 면역 억제제 판매가 의문점이 많다는 비난을 받은 적이 있다).[30]
- 2010년 국제앰네스티는 수감자의 장기를 사용하는 것에 반대한다는 성명을 발표하였고, 제약회사들에게 인권을 존중할 것을 명백하게 요청하였다.[31]
- 2010년 8월 비정부기구인 '강제 장기 적출에 반대하는 의사들'은 제약회사들에게 다음과 같이 요청하였다.

"기업이 져야 하는 책임의 기준을 높이고…… 법적으로는 허용될지 모르나 윤리적으로 허용될 수 없는 이식을 하지 않아야 한다."[32]

▪ 2010년 스위스 신문 〈르탕 Le Temps〉은 다음과 같이 보도하였다. "노바티스는 중국에서의 면역 억제제 임상 실험을 잠정적으로 중단할 것이라고 한다. 회사 대변인인 사토시 스기모토는 노바티스가 국제앰네스티의 성명을 준수할 것이고, 다음 단계를 진행하기 위하여 이해 관계자들을 소집할 것이라고 하였다."[33]

▪ 2010년 가을 밴쿠버에서 열린 이식협회 회의에서 데이비드 메이터스는 제약회사들의 책임에 대하여 언급하였다.[34]

▪ 2010년 9월 세계 경제를 선도하는 은행 중 하나인 트리오도스뱅크 Triodos Bank는 로슈가 그 은행의 인권에 관한 최소 기준을 충족하지 못한다는 이유로 로슈를 투자 대상에서 제외하기로 하였다. "로슈는 중국에서 임상 실험을 함에 있어서 책임 있는 태도를 충분히 취하지 못하였다. 수집된 정보에 대한 최종적인 조사에서 우리는 로슈가 중국에서 시행한 임상 실험이 수용될 수 없는 것이라고 결론을 내렸다. 로슈의 규모나 영향력으로 보아, 이식 장기를 공급받는 과정이 더욱 깨끗한 방법으로 이루어져야 한다. 로슈는 우리의 인권에 관한 최소 기준을 충족하지 못하므로 트리오도스뱅크의 지속 가능한 투자 대상에서 배제하기로 하고, 단기간 내에 트리오도스뱅크의 모든 투자를 회수하기로 한다."[35]

▪ 네덜란드 ASN은행 역시 다음과 같은 이유로 로슈를 투자 대상에서 배제하였다. "로슈는 실험에 사용된 약이 사형수들에게서 취득된 장기를 사용

하여 만들어진 것이 아니라는 것을 보증하지 못한다."[36]

- 2011년 3월 주주총회에서 로슈는 중국에서의 이식 임상 실험으로 인하여 다시 비판받았다.[37]
- 2011년 5월 미국 이식회의에서 데이비드 메이터스는 '중국에서의 항거부반응제 임상 실험 및 판매'에 관하여 많은 사실들을 제시하였다. 그의 자료는 파룬궁 양심수들에게서 취득된 장기를 이식에 사용하였다는 충분한 증거가 있는 두 곳의 중국 병원에서 로슈와 아스텔라스가 이식 임상 실험을 했다는 것을 제시하였다.[38]
- 같은 회의에서 국제 임상조사기관의 의료담당 선임이사는 중국에서의 이식 임상 실험에 대하여 반대 의사를 밝혔다.[39]
- 2011년 12월 미국 국회의원 조 핏츠Joe Pitts는 다음과 같이 연설하였다.

"해외 기업들은 번창하는 이식 시장에서 이윤을 얻기 위해 이미 투자를 하고 있다. 로슈와 아이소테크니카 같은 제약회사들은 이식 환자에 대한 임상 실험에 관여하고 있다. 영국 기업인 TFP라이더헬스케어TFP Ryder Healthcare는 장기이식센터를 포함하는 의료 시설을 제안하고 있다. 그들을 따라 하기 전에 미국 기업들은 반드시 중국의 비윤리적인 환경을 이해하여야 한다. 그리고 우리 국무성과 유엔은 반드시 이를 중국이 국제 협약과 자국민의 인권을 침해하는 행위로 다루어야 한다."[40]

중국에서의 비윤리적인 이식 실험에 대한 이러한 광범위한 반대는, 중국 이식 시스템처럼 규율이 지켜지지 않는 범죄의 온상과 같은 사업 환경에서 제약회사들이 어떠한 책임감을 지녀야 하는지 논의할 필요성을 보여준다.

상해를 가하지 않는다not do harm는 것은 히포크라테스 선서에 기초한 의료 윤리의 근본 원칙이다.

일반적인 치료에서 이것은 **치료받는 환자**에 대하여 해를 가하지 않을 것을 의미한다. 장기 이식 관련해서는 이식에 **이용되는 장기**를 가지고 있는 사람에게도 해를 가하지 않을 것을 의미한다.

다른 의료 윤리의 기본 원칙은 치료를 위하여서는 사전 설명과 자유로운 동의가 있어야 한다는 것이다. 이것은 일반적인 치료에 있어서 환자가 설명을 듣고 충분히 이해한 후 치료에 동의하는 것을 의미한다. 장기 이식 관련해서는 자신의 장기가 사용되는 바로 그 사람이 설명을 듣고 충분히 이해한 후 자유로운 동의를 하는 것을 의미한다.

장기 이식은 의료적 치료이며 여기에 종사하는 의사, 의료진, 임상 실험 책임자 등은 그들의 환자뿐만 아니라 환자를 위해 장기를 공급하는 사람에게도 해를 가하지 않을 것과, 장기 공여에 관하여 충분히 설명을 해준 뒤 자유로운 동의를 받는 데 대하여 책임을 져야 한다.

장기 이식과 같이 복잡한 의료적 치료에는 일정한 의무와 책임의 위임이 있게 마련이다. 일상의 업무 속에서 환자를 다루고 장기 이식을 행하는 의료진과, 기증자에게서 장기를 취득하는 의료진은 다르다. 이식을 하는 의료진은 기증자에게 가까이 있고 기증자를 더 잘 배려할 수 있는 의료진에게 장기의 공급을 위임한다. 장기 공급에 관한 윤리적인 책임은 장기를 취득하는 의료진에게 위임된다.

이것은 의료진이 장기를 필요로 하는 환자를 치료하는 동안 내내 국제적인 의료 윤리 기준에 부합하여 이식될 장기가 제공되었다는 사실을 확신할 수 있어야 한다는 의미이다. 많은 국가에서 이식되는 장기가 의심의 여지없이 의료 윤리에 부합되게 제공된다. 이러한 국가들은 세계보건기구의 장기 이식에 관한 원칙들을 모두 준수한다. 이식되는 장기는 그 공급원을 추적할 수 있고, 장기 기증의 절차는 투명하며 언제든지 조사 가능하다. 의료 윤리에 따른 장기 기증에 관한 엄격한 법률이 존재하고, 그러한 법률이 준수되는지를 감독하는 권한들이 존재한다. 법률과 의료 윤리에 부합되게 장기 기증을 관리하는 믿을 만한 협회가 존재한다. 예를 들면 스위스의 이식에 관한 법률은 심지어 외국의 기관이나 국제기구에 대하여서도 의료 기록에 접근하는 것을 허용하고 있다. 따라서 불법 장기 매매나 기타 법에 저촉되는 행위를 찾아내는 것이 가능하다.[41]

위와 같이 장기 획득에 관한 책임 있는 위임을 위해서 필요한 조건들이 중국에는 전혀 갖추어져 있지 않다. **따라서 이러한 환경에서는 장기 획득을 부패한 이식 시스템에 위임하는 것은 무책임한 것이다.**

중국 위생부에 따르면, 중국에서 이식되는 대다수의 장기는 수감자에게서 나오는 것이다. 모든 사형과 사형 집행에 관한 상세 정보는 국가 기밀 사항이다. 수감자는 소위 이동성이 있고 의료 장비를 갖춘 '사형 집행 자동차' 속에서 처형되고 있다.[42] 장기가 양심수에게서 획득된다는 주장을 조사하기 위한 국제적 요청은 거부당하고 있다. 이식의 상당 부분이 군 병원에서 특별한 조건 아래 시행되고 있다.

어떻게 중국뿐만 아니라 서양의 존경받는 이식 전문의, 제약회사들이 이러한 사실들을 무시하고 태연하게 사업을 할 수 있단 말인가?

역사, 특히 독일의 역사는 존경받는 기관이나 개인조차 범죄에 대해 눈감을 수 있다는 것을 보여준다. 유명한 독일의 카이저빌헬름협회 소속 생물학자들이 일개 범죄 시스템에 협력하고 신뢰를 주었다.

세계적으로 존경받는 독일의 막스플랑크협회는 카이저빌헬름협회의 계승자이다. 막스플랑크협회의 조사보고서는 생물학자들과 나치 범죄에 대하여 다음과 같이 말한다.

> 생물학자들의 범죄 행위는 …… 과학자들이 자신들을 둘러싼 범죄적 맥락에도 불구하고 자신들은 정치와 무관하다고 주장하였기 때문이다. 그들은 인간 시체 표본의 근원이 어디인지 알려고 하지 않았고, 그것과 살인적인 나치 정치와의 관련성을 알려고 하지 않았다. 그들은 실험에 사용한 신체 부분들이 박해나 암살에 의한 것임을 알면서도 이를 무시하였으며, '과학의 진보를 위한 의무'라는 이유로 아무런 도덕적 제한 없이 연구를 추구할 권한이 있다고 느낀 것이다.[43]

중국의 이식 시스템은 '범죄 맥락' 속에 있다. 따라서 의사, 의료진, 제약회사 들은 '범죄 맥락'을 이용해서는 안 되며, 수감자와 같은 취약한 집단을 보호해야 할 의무가 있다. 중국의 이식 시스템이 세계보건기구의 장기 이식에 관한 지도 원칙을 전혀 지키지 않고 있는 한, 그들은 장기 기증에 관하여 국제적인 윤리 기준이 이식 활동 중에 지켜지고 있는지 실제 조사를 통하여 확실히 알아보아야 할 주의의무가 있다.[43]

물론 제약회사들은 장기를 이식받은 후 생명을 유지하게 해줄 면역억제제를 공급하지 않을 수 없다.

그러나 (1) 장기가 여전히 수감자들에게서 나오고, (2) 장기의 공급원이 어디인지 추적할 수 없으며, (3) 장기 획득 과정이 투명하지 않고, (4) 이식 시스템이 조사에 개방되어 있지 않는 한, 국제적인 제약 회사들은 즉시 중국에서의 임상 이식 실험을 중지하여야 한다. 또한 중국에서 미래의 이식 수술을 위해서 그들의 약을 판촉하지 말아야 하며, 중국과의 이식 협력의 전제 조건으로 세계보건기구의 장기 이식에 관한 지도 원칙을 철저하게 이행할 것을 요구해야 한다.

● 이 글은 아르네 슈와츠가 2010년 제네바에서 열린 인권을 위한 국제협회의 '인권과 국제 장기 이식 범죄' 회의를 위해 준비한 글을 기초로 하였다.

1   Kate Dennehy, "Unauthorised organ trade an ongoing evil," *Brisbane Times,* 30 Oct 2010. http.://www.brisbanetinies.com.au/queensland/unauthorised-organ-trade-an-ongoing-evil-20101030-177y7.html#ixzzlompIKEAS

2   Zhonghua Klaus Chen, "A public seminar on: Current Situation of Organ Donation and Transplantation in China - from Stigma to Stigmata," City University of Hong Kong, 6 Dec 2007. http://www.cityu.edu.hk/garc/ARC/ARCfile/SSS/SSS06122007.htm Wang Ye, "Prisoners' organs not harvested without consent," *China Daily,* 11 Apr 2006. http://www.chinadaily.com.cn/china/2006-04/H/content_564719.htm

3   Laurie Burkit, "China to Stop Harvesting Inmate Organs," *Wall Street Journal,* 23 Mar 2012. http://online.wsj.com/article/SB1000142405270230472440457729866162534589 8.html

4   Jiefu Huang, et al., "Government policy and organ transplantation in China," *The Lancet,* 6 Dec 2008. http://www.thelancet.com/journals/lancet/article/PIIS0140-6736(08)61359-8/fulltext

5   Jiefu Huang, "Tomorrow's Organ Transplantation Program in China," Presentation at the Madrid Conference on Organ Donation Transplantation, March 23-25, 2010.

6   "WMA Statement on Human Organ Donation and Transplantation," Oct 2006. http://www.wma.net/en/30publications/10policies /t7/index.html.

7   "Chinese Medical Association Reaches Agreement With World Medical Association Against Transplantation Of Prisoners's Organs," *Medical News Today,* October 7, 2007. http://www.medicalnewstoday.com/releases/84754.php.

8   Harold Hillman, "Harvesting organs from recently executed prisoners. Practice must be stopped," *British Medical Journal,* 24 Nov 2001. http://www.ncbi.nlm.nih.gov/pmc/articles/PMC1121712/ ?tool =pmcentrez.

9   Amnesty International: "China: Death Penalty Action: Victims in their thousands: the Death penalty in 1992," 30 Jun 1993. http://ww.amnesty.org/en/library/info/ASA17/009/1993/en.

풍부한 사실과 자료를 바탕으로 한 종합적인 보고는 다음을 참조하라. Human Rights Watch: "Organ Procurement and Judicial Execution in China," August 1994. http://www.hrw.org/legacy/reports/1994/china1/china_948.htm.
Laogai Research Foundation: "Harry Wu Leads Distinguished Panel Before Congressional Committee," September 1996.
http://www.christusrex.org/www l/sdc/Sep96a.htm.

10 Barbara Basler, "Kidney Transplants in China Raise Concern About Source," *The New York Times*, June 3, 1991.
http://www.nytimes.com/1991/06/03/world/kidney-transplants-in-china-raise-concern-about-source.html.
Theresa Poole, "China's executioners work overtime: International outcry over organ transplant grows as car thieves join rising toll of those shot after summary trials," *The Independent,* October 30, 1994. http://www.independent.co.uk/news/world/chinas-executioners-work-overtime-intemational-outcry-over-organ-transplant-grows-as-car-thieves-join-rising-toll-of-those-shot-after-summary-trials-1445746.html.

11 David Matas and David Kilgour, *Bloody Harvest: The killing of Falun Gong for their organs* (Seraphim Editions, 2009). hittp://organharvestinvestigation.net/.

12 오스트레일리아 또는 영국 등에서 이식 훈련을 받은 중국의 유명한 외과의사들로는 황제푸, 스빙이, 천중화 등을 들 수 있다.
http://chinavitae.com/biography/Huang_Jiefu/career.
http://www.cuan.cn/engpro/WebExpertDetail.aspx?ID=703.
http://www.cityu.edu.hk/garc/ARC/ARCfile/SSS/SSS06122007.htm.
또한 캐나다에서 중국 이식 외과의사를 위한 펠로우십 훈련이 제공된다.
http://ww.lhsc.on.ca/Research_Training/MOTP/Fellowship_Training/index.htm.

13 중국과 긴밀한 유대 관계를 맺고 있는 서양의 이식센터로는 시카고 대학 메디컬센터의 이식 분과, 독일 심장 기구 베를린 등을 들 수 있다.
http://supportucmc.uchicago.edu/site/c.phLWJ6PFKmG/b.6444925/k.E6FC/UC_Surgeon_HeIping_China_Modernize_its_Organ_Procurement_System.htm
http://german.cri.cn/21/2005/11/04/l@39490.htm.

14 http://www.drugs.com/news/double-digit-increase-sales-operatig-profit1-core-eps-18984.html.

15 http://ww.hrw.org/legacy/reports/1994/china1/china_948.htm.

16 http://www.prnewswire.com/news-releases/3sbio-and-isotechnika-pharma-announce-strategic-partnership-to-develop-and-commercialize-voclosporin-in-china-101366344.html.

17 http://clinicaltrials.gov/ for all trials but Roche 2006 heart trial found at http://www.roche-trials.com.

18 David Matas, "Antirejection Drug Trials and Sales in China," American Transplant Congress Philadelphia, April 30, 2011. https://dafoh.org/Matas_speech.php.

19 http://chictr.clinicaltrialecrf.org/en/.

20 Oliver Stock, "Transplantationsbank China," *Handelsblatt,* November 7, 2005. "…Warum er ausgerechnet dieses Medikament in Shanghai produzieren lasse, begründet Humer so: Im Gegensatz zu Japan gebe es in China keine ethischen oder kulturellen Hemmungen gegenüber der Transplantationsmedizin. …" http://www.handelsblatt.com/unternehmen/industrie/transplantationsbank-china%3B985748.

21 Fu Wen, "Life after Death," *Global Times,* August 31, 2010. http://www.globaltimes.cn/china/society/2010-08/568586.html.

22 Jingjing Liu, et al., "Executed criminals supply most of the transplanted organs in China, fueling ethics debates and demand for live-donor surgery," *Caijing Magazine,* Sep 2009. http://english.caijing.com.cn/2009-09-09/110243848.html

23 "China to set up databank for kidney patients in need of transplant," *People's Daily Online,* December 13, 2009.   http://english.peopledaily.com.cn/90001/90782/90880/6840394.html. Astellas China News, 14 Jun 2008.   http://www.astellas.com.cn/html/en/show.asp?ClassID=11&ContentID=54&LvID=4.

24 http://www.parlament.ch/ab/frameset/d/n/4515/179578/d_n_4515_179578_179987.htm. http://www.parlament.ch/D/Suche/Seiten/geschaefte.aspx?gesch_id=20063349. http://www.parlament.ch/d/suche/seiten/geschaefte.aspx?gesch_id=20083197.

25 로슈가 2009년 11월 4일 저자에게 답한 글의 일부이다. "… Roche ist in keiner Art und Weise für die Beschaffung von Organen zuständig…. Roche ist, wie oben erwähnt, weder in China noch in einem anderen Landder Welt für die Beschaffung von Organen zuständig. Anonymität und Vertraulichkeit der öchstpersönlichen Spenderdaten sind rechtlich geschützt; Roche hat keinen Anspruch, zu erfahren woher oder von welchen Spendern die transplantierten Organe stammen…"

26 http://apps.who.int/gb/ebwha/pdf_files/WHA63/A63_24-en.pdf.

27 http://www.tts.org/images/stories/pdfs/StatementMembs-Chinese TXProg.pdf.

28 http://www.ohchr.org/Documente/Issues/Business/A-HRC-17-31_AEV.pdf.

29 http://www.evb.ch/cm_data/Speech_Roche_en_1.pdf.

30 http://www.roche.com/annual_general_meeting_2008_en.pdf.
    http://www.roche.com/annual_general_meeting_2010_en.pdf.

31 http://www.amnesty.ch/de/themen/wirtschaft-menschenrechte/dok/2010/
    amnesty-international-calls-for-the-end-to-the-use-of-organs-from-executed-
    prisoners.

32 https://www.dafoh.org/Statement_Clinical_Trial.php.

33 Frédéric Koller, "Appel à clarifier les prélèvements d'organes sur des
    prisonniers en Chine" *Le Tempts,* 4 Aug 2010. http://m.letemps.ch/Page/
    Uuid/72759116-a71a-11df-aeb8-0c7af7c72949/Appel_%C3%A0_clarifier_les_
    pr%C3%A91%C3%A8vements_dorganes_sur_des_prisonniers_en_Chine.

34 David Matas, "Ending Abuse of Organ Transplantation in China," The
    Transplantation Society Congress Vancouver, 17 Aug 2010. http://www.david-
    kilgour.com/2010/Aug_19_2010_01.php.

35 Triodos Bank, "Pharmaceutical giant removed from investment universe," 23
    Sep 2010. http://www.triodos.com/en/about-triodos-bank/news/newsletters/
    newsletter-sustainability-research/pharmaceutical-company/.

36 http://www.asnbank.nl/index.asp?nid!=94l5#525.

37 http://www.roche.com/annual_general_meeting_2011_en.pdf.

38 18번 주 참조.

39 https://www.dafoh.org/Forurn_in_Philadelphia.php.

40 http://www.gpo.gov/fdsys/pkg/CREC-2011-12-08/pdf/CREC-2011-12-08-ptl-
    PgH8299-3.pdf.

41 http://www.swisstransplant.org/il/organspende-organ-transplantation-
    zuteilung-koordination-warteliste-gesetz-verordnugen-downloads.php?dl=1&d
    atei=Transplantationsgesetz.pdf.

42 Andrew Malone, "China's hi-tech 'death van' where criminals are executed
    and then their organs are sold on black market," *Mail Online*, 27 Mar 2009.
    http://www.dailymail.co.uk/news/article-1165416/Chinas-hi-tech-death-van-
    criminals-executed-organs-sold-black-market-html.

43 Max Planck, Gesellschaft "Biowissenschaftliche Forschung an Kaiser-Wilhelm-
    Instituten und die Verbrechen des NS-Regimes," Pressemitteilung, 12 Oct
    2000. (translated from German) http://www.mpiwg-berlin.mpg.de/KWG/
    Presse121000.htm.

• 모든 인터넷 자료는 2012년 5월 2일까지 접속되었다.

의학의 사명

어떻게 하면 중국에서 매년 1만여 건씩 일어나는 비윤리적인 장기 이식에 반대할 수 있을까? 어떻게 하면 비윤리적인 의료 행위를 하는 의료 시스템을 반대할 수 있을까? 평범한 건강 관리 전문가나 시민들이 이에 맞서 영향을 끼칠 수 있는 방법은 무엇이 있을까? 나는 그러한 방법이 있다고 믿는다.

의학의 사명

마리아 A.피아타론 싱

> 의학의 사명은 인간의 잠재력을 확정하고 확인하는 것이다.
>
> — 월터 보르츠 Walter Bortz, MD

사랑하는 나의 할머니는 할아버지가 돌아가신 뒤로 우울증으로 고생하셨다. 그때 나는 고등학생이었는데, 그 모습을 보고 의사가 되기로 결심했다. 나는 할머니가 내과의사와 정신과 의사들의 처치를 애써 참는 것을 보고는 좀 더 좋은 방법을 찾아야겠다고 생각하였다. 그리고 대학을 다니면서 노인병 전문의가 되기로 결심했다. 대퇴부가 골절되고 기억이 상실된 할머니가 시설이 낙후한 요양소에서 미끄러져 욕창, 탈수, 섬망증 등으로 살아 있는 해골이 되어 침대에 묶여 있거나 항정신병약에 취해 운명에 저항할 수도 없는 지경이 된 것을 보고 결심한 것이다.

할머니는 평생 유기농 식품과 운동, 예방적 건강 관리를 옹호하였다. 할머니는 피트니스로 유명한 잭 라랜느 Jack LaLanne의 이야기를 들려

주며 우리를 키웠고, 통밀빵이 유행하기도 훨씬 전에 통밀빵을 우리에게 주었으며, 건강 음식 상점에서만 쇼핑을 했다. 그러나 할머니는 그토록 믿었던 의학 기관에 의하여 철저하게 실패한 사례가 되었다.

나는 분명 다른 길이 있을 것임을 알고 있었다. 내가 의과대학에 다닐 당시에는 아직 미국에서 노인병 전문의가 전문의로 인정받지도 못하였다. 게다가 나의 스승들은 생명주기에서 상대적으로 각광받지 못하는 노년기에 집중하면 시간을 헛되게 보낼 수 있으니 노인병 전문의 말고 다른 전공을 선택하라고 권유하였다. 그러나 나는 뜻을 굽히지 않았다. 할머니의 고통에 대한 기억이 항상 나와 함께하였기 때문이었다. 결국 나는 보스턴대학의 병원에서 노인들의 거주 프로그램 중 선택적 의료 서비스를 제공하는 수련 과정을 거쳤다. 그리고 1987년 UCLA에서 처음으로 결성된 협회 프로그램 중의 하나에서 노인병 전문의 자격을 취득하였다.

지난 25년간 나는 임상 노인병 전문의로 운동, 영양 및 노화에 관한 연구를 수행하였다. 그러면서 할머니의 요구를 채워주지 못하였던 과거를 항상 떠올리며, 서양 의학에 편중된 의학 시스템과 사업 모델이 간과해온 총체적 의료 서비스의 개선을 추구하였다. 최근 몇 년 사이에 우리는 요양원에 있는 나약한 90대의 노인들도 무거운 물건을 들 수 있다는 것을 알게 되었다. 그리고 이처럼 근육을 자극하면 잠자는 위성 세포를 깨워 근섬유를 늘리고 활동성을 증가시키며 우울증을 감소시키고, 신진대사와 영양 상태를 개선한다는 것을 발견하였다. 이 작업은 오늘도 계속되고 있다. 나는 나의 할머니가 저 세상에서 지켜보며 고개를 끄덕이고 있을 것이라고 믿는다.

의료계에 종사하면서도 나는 5년 전까지만 해도 장기 이식에 관하여 깊이 생각해보지 않았다. 왜냐하면 장기 이식은 노인병 전문의에게는 임상적으로나 학문적으로나 그다지 관련성이 없기 때문이다.

그런데 2007년, 나는 시드니에서 오스트레일리아와 뉴질랜드의 장기이식협회 주최 조찬 세미나가 열린다는 광고를 보았다. 거기에는 데이비드 킬고어가 '중국에서 벌어지고 있는 처형된 죄수들에게서의 강제 장기 적출'에 관해 강의를 한다고 나와 있었다. 인터넷이나 최근 몇 년간 산발적인 뉴스 보도를 통하여 알 법도 한 이 이슈를 그동안 나는 모르고 있었다. 그날 큰 충격을 받았다. 그리고 '강제 장기 적출을 반대하는 의사들'의 온라인 청원에 서명을 하고 그들의 작업에 참여하게 되었다.

얼마 지나지 않아 그들의 의학자문위원회에 참여할 것을 요청받았는데, 나는 외과전문의도 아니고 장기 이식 전문가도 아니어서 어떻게 기여해야 할지 알 수 없었다. 그렇지만 내가 할 수 있는 한 도와야 한다고 느꼈다.

다포에 나의 이메일 서명을 올려놓은 지 얼마 지나지 않았을 때였다. 시드니대학에서 석사학위 과정을 밟고 있는 중국인 학생이라고 주장하는 사람이 나에게 이메일을 보냈다. 그는 매끄럽지 않은 영문으로 거의 매일 다포의 주장은 근거가 없으며, 이식된 장기가 자발적인 기증자 이외의 출처에서 나왔다는 증거를 대라고 요구하였다. 그리고 파룬궁 수련생이 박해당했다고 하더라도 불법적이거나 비윤리적인 장기 적출의 형태는 훨씬 적다고 주장하였다. 이메일을 주고받는 사이 그의 문장 실력이 비약적으로 발전하였는데, 나에게 편지를 쓰는 임무를 다른 누군가가 넘겨받았음을 드러내는 것이었다. 그는 나의 사무실에서 직접 만나자고 요구하였는데, 그 요구가 너무 강해서 나는 결국 동의하였다.

직접 만난 자리에서 그는 더욱 강력하게 이 모든 것은 중국 정부를 비방하기 위한 선전에 불과하다고 주장하였다. 그는 심지어 톈안먼 광장 대학살은 일어난 적이 없다고 주장하였는데, 그 순간 이 사람과는 진실한 대화가 불가능하다는 것을 깨달았다. 그는 그 후에도 나에게 계속해서 이메일을 보냈지만, 나는 그가 학생이 아닐 수도 있다는 생각이 들어 답장을 하지 않았다. 그는 자신이 듣는 수업과 교수에 대하여 어떠한 사항도 제시하지 못했고, 국제사무처도 그의 이름을 확인해줄 수 없었다. 나는 그가 왜 그렇게 집요하게 나의 마음을 돌리려고 하고 다포의 일을 방해하려고 하였는지 궁금할 따름이다.

다른 사람들은 나의 새로운 서명을 보고 많은 지지를 보내면서, 그 상황을 알려준 것에 대하여 고마워하였다. 많은 의사 동료들은 다포가 공개한 사실들에 대하여 매우 놀라워하였고, 그와 같은 행위들이 광범위하게 오랫동안 국제적인 제재 없이 행해져왔다는 데 대하여 믿기 어려워했다. 어떤 동료들은 그 사실을 들은 적은 있으나 중국 국내 사정에 개입할 수 없으며, 그것이 중국 밖에서의 그들의 의학적 업무 수행, 정책, 관행과 어떠한 관련이 있다고는 느끼지 못한 것 같았다.

어찌되었든지 그러한 연관은 존재하고 있고, 행동을 취할 방법도 많이 있다. 오스트레일리아 뉴질랜드 이식협회Transplantation Society of Australia and New Zealand, TSANZ는 사형수에게서 나온 장기를 이식하는 것에 공식적으로 반대하고 있는데, 현재 전 세계 유사한 협회들도 마찬가지이다.

이 협회는 또한 몇 년 전 중국 외과의사들에게 그들이 중국으로 돌아갔을 때 죄수들을 장기 공급원으로 이용하지 않겠다고 서면으로 약속하지 않으면 오스트레일리아 장기 이식 연수 프로그램에 참여하지 못하도록 결정을 내렸다. 이러한 정책이 실행되자 중국의 이식 외과의사들이 더는 이곳으로 훈련을 하러 오지 않았다. 하지만 절박한 오스트레일리아 시민들은 아직도 중국으로 장기를 얻기 위한 여행을 하고 있다. 이들은 마치 즉각 사용할 수 있는 장기가 어디에서 나오는지 모르는 듯하다. 그들은 세계에서 가장 큰 제약회사들로부터 항거부반응제를 제공받는데, 그 제약회사들은 소위 기증자, 수여자, 그리고 양 국가의 광범위한 의료팀으로 이루어진 정교한 시스템의 공모자일 것이다. 이와 같은 시스템이 이식 수술을 둘러싼 기업들을 유지시키고 있는 것이다.

나는 이와 같은 만행이 널리 알려져서 멈추어지기를 바란다면 주류 방송 매체와 전문가 협회 및 의학 학술지 등을 통해서 이 이슈가 자세히 알려질 필요가 있음을 깨달았다. 지난 한 해 동안 이 이슈는 이식 의학 분야에서 대다수의 주요 전문가 간행물에 적절하게 소개되었다. 저명한 윤리학자와 이식 전문 외과의사, 그들의 일부는 다포의 구성원인데, 한목소리로 이와 같은 입장의 글을 발표하였다. 이 글들은 중국 혹은 그 밖의 나라에서 학술 논문에 사용된 장기 출처가 논문에서 밝혀진 바와 같음을 입증하지 못하거나, 장기가 비윤리적으로 취득된 것일 경우 그 논문이 발표되는 것에 대하여 강력히 반대한다는 입장을 표시하고 있다.

바로 그 당시 중국의 위생부 부부장 황제푸는 마침내 공개적으로 중국에서 사용된 이식 장기의 대다수가 사형수들에게서 나온 것임을 시인하였다. 이러한 사실들은 이제는 공식적인 기록이 되어, 중국을 포함해 어느 지역에서든 의료 전문 영역에서 그러한 사실을 몰랐다고 주장할 수 없게 되었다. 그런데 이 소식을 국제 주요 언론들은 중요하게 다루지 않았다. 그래서 중국의 의료 기관과 일반 대중들이 이러한 사실을 어느 정도 알고 있다는 데 대하여 이식 의료계 외부 사람들은 대부분 잘 모르며, 믿기 힘들다는 입장을 취하고 있다.

어떻게 하면 중국에서 매년 1만여 건씩 일어나는 비윤리적인 장기 이식에 반대할 수 있을까? 어떻게 하면 비윤리적인 의료 행위를 하는 의료 시스템을 반대할 수 있을까? 평범한 건강 관리 전문가나 시민들이 이에 맞서 영향을 끼칠 수 있는 방법은 무엇이 있을까? 나는 그러한 방법이 있다고 믿는다.

그 첫걸음은 동료들과 대화를 나누거나, 전문 간행물이나 다포 자문위원회 구성원이 쓴 글들을 돌려 봄으로써 이 사태를 널리 알리는 것이다. 소셜미디어를 통하여 알릴 수도 있다. 아프리카의 범죄자 조셉 코니Joshep Kony를 찾아내 체포하자는 전대미문의 2012캠페인에서 입증되었듯이, 전 세계에 널리 알려 지원을 받는 데에 소셜미디어의 힘은 대단한 것이다. 중국에서 사형수나 양심수, 특히 파룬궁 수련생을 대상으로 강제 장기 적출을 하고 있다는 진실을 페이스북이나 트위터로 알릴 수 있을 것이다. 비록 중국의 공식적인 인터넷 검열로 인하여 중국에 직접 알리는 것이 어려울 수 있지만, 불가능하지는 않다.

우선 장기 이식을 받으러 중국으로 가는 것을 허용하는 전 세계 여러 나라에 이 사실을 알리는 것이 가장 중요하다. 왜냐하면 중국 국민들 스스로 강제 장기 적출에 즉각적으로 반대하는 행동을 할 수 있을 지는 분명하지 않기 때문이다. 중국에서는 강제적 불임수술, 임신 말기의 낙태, 유아살해 등이 한 자녀 정책을 위하여 허용되고, 심지어 장려되기도 한다. 또한 회사의 이윤을 올리려고 아기 분유에 첨가물을 넣어 이를 먹은 아기가 사망하거나 심각한 상해를 입는 일이 발생하기도 한다. 의사와 간호사가 중절된 태아를 약사에게 팔면, 그것을 구운 뒤 곱게 갈아 약으로 만들어 국내외에 팔기도 한다. 그러니 해마다 수천 명의 재소자들이 장기를 기증받기로 한 사람의 요청에 부응하기 위하여 특정 날짜에 맞추어 사형된다는 것을 의심할 수 있겠는가?

상황을 인식하는 것만으로는 부족하다. 이와 같은 일을 뿌리 뽑기 위한 사회적 변화가 있어야 한다. 그러려면 어떤 사람의 생명도 다른 사람의 필요나 욕망에 의해서 희생되거나 위험에 처해져서는 안 된다는 인식이 우선 필요하다. 육체적·정서적·경제적 압박 없이 합리적으로 동의 여부를 결정할 수 없는 사람한테서 불법적으로 장기를 적출하는 행위를 법률로 금지할 수 있으려면, 시민들 사이에 그에 대한 반대 의식이 분명히 있어야 한다.

비윤리적인 장기 적출에 대한 전면적인 반대가 필요하다. 거기에는 비윤리적으로 획득한 장기 이식 환자를 위한 항거부반응제를 공급하는 제약회사에 대한 반대, 중국으로 돌아가서 불법 장기 적출을 할 중국 의사들을 초청하여 훈련시키는 프로그램에 대한 반대, 장기 이식술을 받은 사람이 살고 있는 나라의 특정인들에 대한 반대, 즉 반대 광고, 이식 후의 의학적 지원, 장기를 얻기 위한 중국 여행을 주선하거나 편의를 제공하는 것, 중국으로의 의학 기록 제공, 재정 혹은 보험 등에 대한 지원을 반대하는 것들이 포함된다.

적출된 장기의 출처를 알면서도 이러한 과정에 개입되어 있다면 그 사람은 결코 결백하다고 말할 수 없다. 이민국도 이 캠페인에 동참할 수 있는데, 예를 들어 여행자들이 국경을 통과할 때 제출하는 서류에 몇 가지 간단한 질문을 추가하면 된다. "당신의 여행 목적 중에 장기 이식을 받는 것이 포함되어 있나요? 당신은 여행 중에 장기 이식을 받은 적이 있나요? 그 장기의 공급처는 어디인가요?" 만약 어떤 사람이 합법적이고 윤리적으로 획득된 장기에 관한 문서를 제공하지 못한다면 그는 입국이 거절될 수 있을 것이다. 왜냐하면 그는 훔쳤거나 동의 없이 획득한 인간 신체의 일부분을 가지고 입국하려는 것이고, 그것은 불법적이고 금지된 물질을 반입하려는 시도이기 때문이다.

이를 정책으로 실행하자는 것이 다소 황당하게 들릴 수도 있을 것이다. 그러나 이는 단순히 스스로를 방어할 수 없는 사람을 방어해주기 위한 국제적인 방안이며, 이의를 제기할 수 없는 개발도상국에 사는 사람에 대한 착취를 막기 위한 것이다. 아프리카에서 유럽 혹은 미국으로 노예를 수입하는 것이 허용되지 않는 것이 명백함에도 불구하고, 아직도 전 세계적으로 여러 목적을 위해 불법 인신매매가 횡행하고 있다.

우리는 국제 공동체의 일원으로서 인체 장기 조직의 불법 거래에 반대하여야 하며, 다른 사람의 만족이나 이윤을 위하여 인간이 거래의 객체가 되는 관행을 근절하기 위해 최선을 다하여야 한다. 비록 장기 이식술을 받으려는 사람은 장기 이식을 받기 어려울 수도 있지만, 그와 같은 의학적 수요가 다른 사람의 생명과 자유를 위험에 빠뜨리는 것을 정당화할 수 없다는 것은 당연하다. 우리는 장기 이식을 받아야 하는 사람들의 건강과 생존에 대한 소망을 소중하게 생각한다. 그러나 그 방법은 그들 나라에서의 합법적인 장기 기증의 확대, 투석 치료의 개선, 생활 습관의 개선으로 당뇨병·고혈압·심장 질환 등 종국적으로 장기의 손상을 야기하는 질병을 예방하는 것 등이어야 한다. 장기 기증을 필요로 하는 사람의 절박한 사정이 다른 사람의 인권을 침해하는 것을 정당화할 수는 없는 것이다.

나는 의사로서 *"Primum, non nocere*(첫째, 해를 끼치지 말아라)"의 원칙을 지켜야만 한다. 이를 넘어서서 나는 의학의 사명을 믿는다. 즉, 나의 동료 노인병 전문의이자 오랜 친구인 월터 보르츠 박사가 잘 표현한 바와 같이 "인간의 잠재력을 주장하고 확고히 하는 것"이 의학의 사명이라고 믿는다. 이러한 의학 철학은 83세의 노장인 보르츠 박사가 국회나 대학에서 강연할 때마다 열렬히 강조하듯이 건강 관리, 예방 의학, 장수의 경제학에도 적용될 수 있을 것이다.

나는 그러한 의학 철학이 장기 이식의 윤리 및 이 문제를 해결하는 데에 반드시 적용되어야 한다고 믿는다. 우리는 우선 자발적으로 동의할 여건에 처하지 않은 사람을 기증자로 이용하면 안 된다고 주장하여야 한다. 이것은 단지 그 사람이 인간적인 잠재력을 달성하는 것을 어렵게 하기 때문만이 아니다. 그러한 장기 적출은 철저하게 비인간적인 것이며, 21세기의 사회에서 결코 용납될 수 없는 것이기 때문이다. 두 번째로 우리는 모든 수단을 동원하여 강제 장기 적출 행위를 확고하게 끝낼 것을 보장해야 한다. 거기에는 사회적·법적·경제학적·문화적·과학적·정신적인 모든 방법들이 포함된다.

거대한 장기 적출 조직체를 상대로 개인이 문제 제기를 하는 것이 무모해 보일 수도 있다. 그러나 우리는 그렇게 해야 한다. 마거릿 미드Margaret Mead가 말했듯이 "사려 깊고 헌신적인 시민으로 이루어진 작은 집단이 세상을 바꿀 수 있다는 것을 의심하지 마라. 사실 세상은 바로 그렇게 변하는 것이다". 의사로서 우리는 해를 가하지 말아야 한다는 우리의 선서를 지켜야 한다. 이것은 다른 사람에게 해를 입는 사람을 방어해주는 행위를 포함한다. 인간으로서 우리는 반드시 그렇게 해야 한다.

선량한 사람들의 연대(連帶)

　　　　　　어린 시절 나는 구세군에서 운영하는 유치원에 다녔다. 40세가 넘은 지금도 유치원의 기억은 늘 새롭다. '사람은 착하게 살아야 하고 나쁘게 살면 벌을 받는다'는 가르침을 순진한 마음속에 선명히 새겨넣을 수 있었고, 그것은 지금껏 삶의 큰 벼리가 되었다.

　2012년 10월 말 지인이 데이비드 킬고어 선생과 데이비드 메이터스 선생, 이 두 분이 참석하는 국제 세미나의 통역을 부탁했다. 남편이 미국인이라 가끔 인권 문제와 관련해 국제앰네스티나 대사관 등 해외 단체에 제출하기 위한 영문 서류를 만드는 봉사활동을 한 적은 있어도 전문적인 세미나 현장에서 통역한 경험이 없다 보니 처음에는 선뜻 승낙하기가 어려웠다. 더군다나 지인은 이 일이 매우 급하고 중요한 일이라고 했다. 만약 당장 하고 있는 사업 일정까지 보류하고 이일에 협력한다 해도 결코 후회하지 않을 거라고 덧붙였다. 나는 결국지인의 확신이 가득한 설득에 이끌려 부탁을 수락한 후 세미나 준비에 동참했다.

그 국제 세미나는 중국에서 이루어지는 강제 장기 적출에 의한 이식 사업이 국제사회에 끼치는 해악성을 환기시키고, 그 근절을 모색하는 인권 활동의 일환이었다. 준비 과정에서 나는 자연스럽게 이 사안에 대한 국제사회의 책임에 공감했고, 이왕 협력하기로 한 마당에제대로 해보자는 생각이 들었다. 세미나는 일상적인 회화의 통역이아니라 공식적인 활동에 대한 동시통역이었기 때문에 먼저 초청인사두 분에 대한 자세한 정보를 수집했다. 두 분의 홈페이지를 살피고 그들이 그동안 발표했던 문건을 확보해 내용을 숙지하며 그들이 주로사용하는 어휘를 분류했다. 이 과정에서 그동안 인권과 정의를 수호하고자 노력해온 두 분의 진정성을 어렴풋이 느낄 수 있었다.

1941년생인 킬고어 선생은 독실한 기독교 신자로서 고령임에도 불구하고 75개 이상의 나라를 순회하며 민주주의, 인권과 정의, 언론의자유, 사회도덕의 승화에 대해 강연해왔다. 뿐만 아니라 어려움에 처해 인권을 유린당하는 약자가 있으면 그곳이 어디일지라도 찾아가 함께 도와야 함을 세계인에게, 특히 기독교인에게 일깨우려는, 참된 종교인이자 글로벌 리더였다. 메이터스 선생 역시 난민을 위해 헌신해온 국제 인권변호사로서 본인 자신이 어린 시절 홀로코스트를 경험한유대인이다. 그런 배경 때문인지 그 역시 인권을 수호하고 약자를 돕고자 하는 소신이 남달랐으며, 강연과 변호 활동을 위해 세계를 누비고 다니는 또 한 사람의 모범 인물이었다.

그리고 또 한 분, 이승원 의학박사. 해외의 두 인권 인사와 함께 한국에서 세미나를 주최하는 한국인이 누군지 궁금해 지인이 알려준 정보를 살펴보니 백발에 푸근한 인상을 지닌 의사 선생님이 눈에 들어왔다. 어느 해외 중화권 한글판 신문에서 이승원 박사의 인터뷰를 찾아냈다. '와! 칠순이 넘은 동서양의 세 인물이 모여 엄청나게 큰일을 하시는구나.'

그제야 이번 일을 부탁한 지인의 확신에 찬 목소리를 새삼스레 이해할 수 있었다. 하지만 그때까지만 해도 막상 중국 내 강제 장기 적출이 과연 어떤 상황인지, 그 내용이 정확히 어떠한지는 자세히 예습하지 못한 채 드디어 손님들을 맞았다.

첫날, 먼저 입국하신 킬고어 선생과의 만남은 놀라움 그 자체였다. 시차로 노독이 있을 법한데도 그에게서 힘들어하는 모습은 찾을 수 없었다. 검소한 양복에 바바리코트를 걸친 노신사는 내게 남편의 고향을 물으며 자신의 아들도 인근에 살고 있고 또 딸이 나와 비슷한 나이라면서 긴장을 풀어주셨다. 생각지 못한 '큰일'의 통역을 맡은 나를 연신 격려하시며 차에 탑승할 때마다 황송하게도 차문을 열어주셨다. 8선 국회의원에 아시아태평양 담당 국무장관 출신으로 캐나다에서는 존경받는 원로 정치인기도 한 그였지만, 행동에서 우러나는 겸양의 미덕은 아름다웠고 잔잔한 감동마저 주었다. 미리 방문 약속이 잡힌 병원들의 장기이식센터 관계자를 비롯해서 국내 주요 인사들과 만나는 동안, 어떤 이는 이번 일을 단순히 해외 사안으로 여기고 관심을 보이지 않았다. 그러나 킬고어 선생은 국제사회를 하나의 공동체로 보고 정의에 앞장서는 데 동참하자며 호의적인 대화와 겸손의 미덕으로 상대방을 설득했고, 그들은 닫혔던 마음을 열었다. 그리고 상대의 조언 한마디도 꼼꼼히 메모하는 모습, 상대의 명함을 받아 손에 꼬옥 쥐며 소중한 사람들의 마음이 담겨 있으니 계속 연락하고 이 일에 대해 알려나가야 한다고 부탁하는 그의 모습에서 나는 '책임'과 '헌신'을 배울 수 있었다.

통역을 하면서 나는, 점점 중국의 강제 장기 적출 사안에는 중국 정부기관이 가담하고 있으며 그 반인륜의 정도가 캄보디아의 킬링필드나 독일의 홀로코스트, 일본의 731부대 생체실험 이상으로 심각한 것임을 깨달아갔다. 2006년 세계 최초로 관련 보고서를 작성한 조사자인 킬고어 선생의 말씀은 내게 생생한 공부가 되었다. 이동하는 동안 차 안에서 킬고어 선생은 왜 이 일에 더 마음이 가는지 자신의 심경을 자세히 들려주었다. 조사 과정에서 중국 내 강제 장기 적출 피해자의 절반 이상이 파룬궁 수련생들임을 알았는데, 특히 이 수련생들에게 왜 이런 피해가 더 많이 발생했는지 궁금해서 파룬궁의 수련서인 《전법륜(轉法輪)》의 영문판 *Zhuan Falun*을 읽어보았다고 했다. 'Truthfulness, compassion, forbearance', 즉 중국어로 '쩐, 싼, 런(眞善忍)'이라는 그들의 신념을 이해했고, 왜 중국 정부가 그들을 반대하는지도 파악할 수 있었다고 했다. 그 후 많은 수련생들을 만나 조사하는 과정에서 그들이 욕심 없이 사는 선량한 사람들이라는 인상을 받았고, 더욱더 그들을 도와야겠다는 다짐을 했다고 한다. 이 책의 '장기약탈에 관한 생생한 증언들' 부분에서도 킬고어 선생은 잔 하베이 씨와 함께 당시 소회를 밝혀놓았다.

다음 날 만난 메이터스 선생은 무거운 노트북을 들고 다니면서 모든 일을 신속히 곧바로 정리하는 솜씨를 보여주셨다. 그는 주로 법조인을 만났는데, 도와줄 수 있는 것이 하나도 없다고 그 자리에서 거절하는 사람을 만났을때도, 메이터스 선생은 상심하지 않고 오히려 우리가 잘못 인식한 부분이 있다고 생각하면 알려달라며 재차 자문을 구했다. 이는 놀랍게도 상대방이 문제를 다시금 깊이 생각하게 만드는 또 하나의 효과적인 설득 과정이었다. 그는 자신을 '늙은 변호사'라 겸손히 칭하고 사회정의를 위해 행한 일이 없다면 나중에 자신이 손자들에게 들려줄 이야깃거리가 없을 것이라며, 인생 선배로서의 이야기로 이해해도 좋겠다는 소탈한 면모를 보여주었다. 감정에 흔들림 없는 침착하고 냉철한 면이 있는 모습과 달리, 추운 날씨였지만 공식적인 행사 때문에 스커트 차림이라 덜덜 떨고 있는 나에게 감기 들지 말라며 슬쩍 장갑을 벗어주시는 따뜻한 인품의 소유자이기도 했다.

이승원 회장께서 주최한 당시 국제 세미나는 성공적이었다. 두 해외 인권 인사는 철저한 사전 조사와 증언, 증인을 토대로 전문성 있는 발표를 진행했다. 참담한 사안이라고 회피할 것이 아니라, 이 책의 원서를 읽고 하루빨리 이 사안을 종식시키는 일에 함께 나서자고 한국인들의 동참을 격려했다.

《국가가 장기를 약탈하다》의 번역과 탄생

두 해외 인사가 세미나를 마치고 출국하며 남긴 말은 "국내에 계속 활동할 수 있는 단체가 있었으면 좋겠다"는 것이었다. 사실 이 바람은 이미 국제장기이식윤리협회 회장인 이승원 박사의 결심과도 같았다.

그 뒤로 세미나에서 다뤘던 사안을 집대성한 책 *State Organs*의 한글판 출판 계획도 본격적으로 추진됐다. 처음에 나는 해외 출판사와의 계약과 저자와의 대화에만 도움을 주려고 했지만 대표 공저자인 메이터스 선생과 톨스턴 트레이 박사의 요청으로 중간 연결뿐만 아니라 최종 번역까지 떠맡게 되었다. 다행히도 타이완에서 연수 중인 국민대 법대 채승우 교수와 조연호 변호사가 이미 1차 번역을 마무리한 상태라 일은 어렵지 않았다. 그들 역시 일찍이 이 사안을 접한 후 그 심각성에 놀란 나머지 급히 한국에 알리고자 번역 작업에 착수한 상태였다. 두 번역자들과 논의하며 번역은 속도가 붙었다. 내용의 심각성, 그 무게에 걸맞은 인류와 도덕에 대한 책임, 놀라움과 분노 등이 마음속에서 교차했다. 잠시도 쉴 수 없었고 번역 작업에 박차를 가하지 않을 수 없었다. 그랬기에 개인적으로 사업을 해야 하고 또 세 아이를 뒷바라지해야 하는 여건 속에서도 총 145페이지의 원서 번역을 재빨리 마무리할 수 있었다.

다음은 출판 의뢰 과정이다. 이때 이승원 회장이 소개한 김경화, 김선호 씨가 귀한 인연이 되었다. 그분들은 짬짬이 출판사를 알아봐주셨다. 그렇게 해서 이 책은 '시대의창' 사장을 만날 수 있었다. 이분 역

시 평소 사회적 도덕성을 일깨우는 일에 확고한 사명감을 지닌 분이
셨다. 휴일도 없이 철야 작업을 해야 완수할 수 있는 일정임에도 흔쾌
히 책임과 열정으로 승낙하셨고, 독자가 읽기 쉬운 더욱 좋은 책을 만
들기 위해 세부적인 사항도 꼼꼼히 살펴주셨다. 책이 나오기까지의
모든 일들은 지금 생각하면 순식간에 일어난 기적 같은 것이었다.

사려 깊고 헌신적인 시민들로 이루어진 국제장기이식 윤리협회

　　　　　　번역 도중 이 상황을 자연스레 알게 된 아이들은
아침밥을 엄마 대신 짓기도 하고, 친구들에게 인터넷에 올라 있는 관
련 다큐 동영상 '생사지간(生死之間)'을 알리기도 하면서 오히려 나를
격려했다. 미국에 계시는 시부모도 며느리를 자랑스럽게 여기며 이
책의 원서를 읽었다고 근황을 들려주셨다. 특히 윤리 교사인 시어머
니는 학생들과 인권에 관한 토론 수업도 진행하셨다. 남편 Dillon 역
시 번역을 위한 조사와 저자와의 대화에 큰 힘이 되어주었다. 내가 운
영하는 학회에 계시는 선생님들 역시 '국제장기이식윤리협회' 홈페이
지에 접속해 회원 가입을 하고 서명을 남기며 격려 문자를 보내주었
다. 또한 메이터스 선생을 비롯해 트레이 박사를 대표로 하는 책의 공
저자들은 인세를 모두 협회 활동비로 쓰도록 권한을 위임했다. 협회
에서 활동하는, 의료인에서 교사 등 다양한 직업을 가진 번역 지원팀
도 든든한 협조를 아끼지 않았고, 올해 설 명절에도 편집을 재촉한 '시

대의창' 편집부의 노고가 함께했다. 그리고 협회에 봉사를 지원한 여러 집행진과 회원들이 있었기에 이 책은 출판 분야의 전문가들이 말하는 최고의 속도로 준비되어, 캐나다의 영어 원본, 타이완의 중국어판에 이어 세 번째 언어로 한국인들을 만나게 되었다.

책에서 마리아 A. 피아타론 싱 교수가 인용한 마거릿 미드 여사의 "사려 깊고 헌신적인 시민으로 이루어진 작은 집단이 세상을 바꿀 수 있다는 것을 의심하지 마라. 사실 세상은 그렇게 변하는 것이다"라는 글귀처럼, 사려 깊고 헌신적인 분들을 나는 이 책이 나오는 과정에서, 그리고 국제장기이식윤리협회의 일을 하면서 만날 수 있었다. 이 책을 접하게 될 독자 여러분께서도 인류 역사에 오점이 될 이번 사안이 신속히 종식되도록 마음으로 기원하고 응원해주시길 바라며, 그런 양심과 도덕이 세상을 밝게 비추기를 새해 아침을 맞아 경건히 염원해본다.

이은지

가자리 아마드Ghazali Ahmad, MD

가자리 아마드는 아일랜드의 로열외과대학Royal College of Surgeons을 졸업
했고 말레이시아와 영국에서 대학원생에게 신장학을 가르쳤다. 아마
드 박사는 대학원생 교육뿐만 아니라 정책 개발, 신장학, 투석 및 이식
등과 관련된 대중 홍보 활동에도 활발하게 참여하고 있다. 현재 쿠알
라룸푸르병원 신장학과의 선임 자문위원이자 대표이다.

아서 L. 카플란Arthur L. Caplan, PhD

아서 L. 카플란은 윌리엄 버지니아 코널리 미티Drs. William F. and Virginia
Connolly Mitty의 교수이자, 뉴욕 시에 있는 뉴욕대학교 랭원Langone 의학센
터 생명윤리 분과의 대표이다. 그는 필라델피아에 있는 펜실베이니아
의과대학 의료윤리 분과의 전임 의장이자 생명윤리 교수였다.

가브리엘 다노비치Gabriel Danovitch, MD

가브리엘 다노비치는 UCLA 의과대학 신장 및 췌장 이식 프로그램 의학 책임자이고, 남부 캘리포니아의 생체 장기 확보 기구인 원레거시OneLegacy의 의학 책임자이다. 또 '이스탄불 선언 감시자 단체Declaration of Istanbul Custodian Group'의 설립자이며, 이 단체의 웹페이지(www.declarationofistanbul.org) 공동 편집인이다.

마리아 A. 피아타론 싱Maria A. Fiatarone Singh, MD, FRACP

마리아 A. 피아타론 싱 교수는 생애 전반에 걸친 삶의 질 향상을 위한 수단으로 의학, 운동 생리학, 영양 등의 통합에 초점을 두고 연구, 임상 및 교육 활동을 하는 노인병 전문의이다. 그는 로열 오스트렐리시안 의과대학Royal Australasian College of Physicians 연구원이며, 미국의 내과 및 노인병 전문의 자격을 모두 갖고 있다. 현재 시드니대학 건강학부의 운동과 건강 및 성과 연구 그룹Exercise, Health and Performance Faculty Research Group 의장이고, 시드니 의과대학 교수이며, 비만, 영양, 운동 및 식이장애 보덴 연구소Boden Institute of Obesity, Nutrition, Exercise and Eating Disorders 운동 분과 책임자이다.

에단 구트만Ethan Gutmann

에단 구트만은 민주주의 방위재단의 겸임 연구원이다. 《내셔널 리뷰National Review》는 그에 대하여 "거대한 사회적 · 정치적 내부 고발자"라고 묘사했다. 구트만의 책 《잃어버린 신중국Losing the New China》은 '톈안먼 정신상'과 〈뉴욕 선New York Sun〉의 '올해의 책' 선정 등을 포함해 여러 상을 받았다. 중국의 인터넷 검열, 노동교양 시스템, 서양 기업과 중

국의 안보 목표와의 교착 등에 관한 구트만의 영향력 있는 조사보고
는 워싱턴, 런던, 브뤼셀 등지에서 크게 주목받았다.

잔 하베이 Jan Harvey

잔 하베이는 캐나다 벤쿠버에서 신앙과 문화 공동체를 연결하는 일을
하는 은퇴한 교육자이다. 자비심과 윤리의식을 높이는 일에 헌신했
고, 데이비드 킬고어와 여러 차례 함께 일했다. 그녀는 진실함, 선함,
인내심을 삶의 원리로 삼고 있다.

데이비드 킬고어 Honourable David Kilgour, JD

인간의 존엄성을 고취시키는 데 앞장서온 데이비드 킬고어는 현재 퀸
즈대학 민주주의연구센터의 연구원이자 민주주의공동체협의회의 중
역을 맡고 있다. 그는 남미와 아프리카 담당 국무장관 및 아시아태평
양 담당 국무장관을 지냈다. 그리고 가장 오래 복무한 하원의원 중 한
명이다. 정부 검찰관과 법무장관 선임 보좌관으로도 활동했다. 2009
년에 출판한 《블러디 하베스트 Bloody Harvest》를 데이비드 메이터스와 공
동 집필했고 함께 캐나다 최고 인권상을 수상했으며 2010년 노벨평화
상 후보에 올랐다.

제이콥 라비 Jacob Lavee, MD

제이콥 라비는 심장외과 전문의이자 세바 Sheba 의학센터의 심장이식
분과의 책임자이고, 이스라엘 텔아비브대학 의과대학 외과 부교수이
다. 이전에는 이스라엘 심흉부외과학회의 학회장이었으며, 이스라엘

이식협회의 회장이었다. 이스라엘 국립 이식센터에서 심장 및 폐 이식위원회의 의장으로서 2008년 이스라엘 장기 이식에 관한 주요 법률 조항들을 제안하고 이끌어내는 데 기여했다. 이로써 이스라엘에서는 장기 거래 및 이식 관광이 금지됐고, 장기 기증이 뚜렷이 증가했다.

데이비드 메이터스David Matas

데이비드 메이터스는 캐나다 매니토바Manitoba 위니펙Winnipeg 시에서 활약하는 국제 인권변호사이며, 영국 엘리자베스 여왕이 설립하고 현재 회원이 165명뿐인 '오더 오브 캐나다Order of Canada'의 멤버이다. 2009년에 출판된 《블러디 하베스트》를 데이비드 킬고어와 공동 집필했고 함께 캐나다 최고 인권상을 수상했으며 2010년 노벨평화상 후보에 올랐다.

아르네 슈와츠Arne Schwarz

독일 기업 및 리서치 기구에서 IT 전문가로 일한 아르네 슈와츠는 현재 중국의 인권 침해, 특히 이식의학 분야의 인권 침해를 독자적으로 조사하고 있다. 그리고 그 조사 결과를 비정부기구와 언론 및 여러 회사와 공유해왔다.

톨스턴 트레이Torsten Trey, MD, PhD

톨스턴 트레이는 독일에서 의사로 일했으며, 2007년 '강제 장기 적출을 반대하는 의사들Doctors Against Forced Organ Harvesting'(www.dafoh.org)을 공동 설립하였다. 현재 다포의 집행이사이며, 불법적인 장기 적출에 관한 연구를 마치고 의학 분야에서의 윤리 기준을 고양시키려고 노력하고 있다.

장얼핑張而平

장얼핑은 중국에서 자란 중국 전문가이다. 베이징 국제연구대학과 터프스대학Tufts University의 플레처Fletcher 법률외교학부를 졸업하고, 메이슨 연구원Mason Fellow으로 하버드 케네디스쿨을 졸업했다.

이은지李銀枝

경상대학교 간호대학 간호학과를 졸업하고, 미국 자연의학대학University of Natural Medicine 석사과정을 밟고 있다. 부산 동아대병원에서 간호사로, 여러 학교에서 보건교사로 일했으며 캐나다 토론토 주정부 승인 침구치유사 및 동종요법사 자격증을 갖고 있다. 현재 바른脈과 건강학회 학회장이며, 국제장기이식윤리협회IAEOT 총무이사이다.

조연호趙連浩

서울대학교 법과대학을 졸업하고 미국 버클리대학 로스쿨 LLM 과정을 마쳤다. 춘천지방법원 원주지원장을 지냈으며, 현재는 변호사로 활동하고 있다. 타이완에서 장기연수 중이며 국제장기이식윤리협회 자문위원이다.

채승우蔡承遇

서울대학교 법과대학을 졸업하고 변호사로 활동했다. 현재 국민대학교 법과대학 교수이다. 타이완에서 장기연수 중이며 국제장기이식윤리협회 자문위원이다.